"十四五"职业教育国家规划教材

劳动教育与工匠精神教程

主　编　姜正国
副主编　欧阳河　李仲阳　金　山
审稿人　傅胜龙
编委会　聂劲松　李三福　周明星　鲁雁飞　吕文明
　　　　唐　瑾　方小斌　邓琼芳　蒋伟民　易红梅

北京理工大学出版社
BEIJING INSTITUTE OF TECHNOLOGY PRESS

版权专有　侵权必究

图书在版编目(CIP)数据

劳动教育与工匠精神教程/姜正国主编. -- 北京：北京理工大学出版社，2023.8 重印

ISBN 978-7-5682-9691-5

Ⅰ.①劳…　Ⅱ.①姜…　Ⅲ.①劳动教育 – 职业教育 – 教材Ⅳ.① G40-015

中国版本图书馆 CIP 数据核字（2021）第 059044 号

出版发行 / 北京理工大学出版社有限责任公司
社　　址 / 北京市海淀区中关村大街 5 号
邮　　编 / 100081
电　　话 /（010）68914775（总编室）
　　　　　（010）82562903（教材售后服务热线）
　　　　　（010）68944723（其他图书服务热线）
网　　址 / http：//www.bitpress.com.cn
经　　销 / 全国各地新华书店
印　　刷 / 定州市新华印刷有限公司
开　　本 / 787 毫米 × 1092 毫米　1/16
印　　张 / 12　　　　　　　　　　　　责任编辑 / 曾繁荣
字　　数 / 290 千字　　　　　　　　　　文案编辑 / 代义国
版　　次 / 2023 年 8 月第 1 版第 10 次印刷　责任校对 / 周瑞红
定　　价 / 39.90 元　　　　　　　　　　责任印制 / 边心超

图书出现印装质量问题. 请拨打售后服务热线. 本社负责调换

前　言

劳动教育是一个内涵丰富，且因不同历史文化环境和不同教育价值取向而有不同主体关系及行动指向的概念，一直受到各国的重视，若隐若现地成为近现代学校教育的重要板块。2020年3月20日，中共中央、国务院印发《关于全面加强新时代大中小学劳动教育的意见》（以下简称《意见》），对加强和改进大中小学劳动教育及其课程建设提出了新的部署和要求。《意见》明确指出，把劳动教育纳入人才培养全过程，与德育、智育、体育、美育相融合，即从"五育并举"走向"五育融合"。明确劳动教育与其他"四育"的融合，不仅因为"五育"是一个整体，相互之间有着密切的内在关联，彼此渗透、彼此支撑、彼此促进，而且因为从并举到融合是当今教育改革发展的一种趋势，契合了核心素养培育、综合素质与能力培养，以及育人合力形成的要求。

2022年4月20日，第十三届全国人民代表大会常务委员会第三十四次会议通过的《中华人民共和国职业教育法》修订，明确规定要培育劳模精神、劳动精神、工匠精神。2022年10月16日，中国共产党第二十次全国代表大会报告进一步强调要培养德智体美劳全面发展的社会主义建设者和接班人，坚持尊重劳动，培养造就更多大国工匠，这是党中央和国家层面首次将教育、科技、人才进行三位一体统筹安排、一体部署的政策中对于尊重劳动和工匠培育的明确要求。培育劳模精神、劳动精神、工匠精神的国家政策，为劳动教育和工匠精神培养的实施提供了更加优良的制度环境，也成为学生全面发展、民族复兴和建构更高质量水平的教育、科技和人才体系的政策保障。

为贯彻落实新时代党和国家对劳动教育和工匠精神培育的新要求，配合各大中专院校尤其是职业院校充分发挥劳动教育独特的育人作用、更好落实工匠精神培育目标，我们编写了《劳动教育与工匠精神教程》，作为大中专院校劳动教育的必修课教材和学生自我提升的学习材料。

根据新型教材的要求，本教程既注重内容上的系统性、严谨性、思想性和简约性，按照劳动教育实施全过程、劳动教育运行生态，特别是与工匠精神培育的关系、工匠精神与劳模精神和劳动精神的关系、工匠精神自我修养和自我评价，以及学校、家庭、社会各个主要场域的劳动教育实施，分7个章节展开；又注重形式上的灵活性、新颖性、趣味性和适切性，按照活页式、主题式、手册式及多媒体动画式的呈现形式，使学生和教师在教学中获得有效资源指导参考价值的同时享受美的体验。

本教程主要有以下特点：

1.内容循序渐进，注重提升学生人文素养。本教程以《意见》《中华人民共和国职业教育法》和中国共产党的二十大精神为指导，将工匠精神培育融入劳动教育中，强调劳动教育的思想性、系统性、针对性，引导学生树立正确的劳动价值观，使学生在劳动教育中获得知识、接受锻炼、磨炼意志，懂得劳动创造美好生活的道理，并培养良好的劳动品质。

2.案例经典可视，注重引导学生自觉实践。教材集教程与学程于一体，穿插了丰富的新时代经典案例，如劳模和大国工匠的故事，以引导学生崇尚劳动、尊重劳动、热爱劳动，培养学生精益求精的工匠精神和爱岗敬业的劳动态度，增强学生的职业荣誉感，使学生树立用技能成就梦想的信念，进而以成为高素质技能人才为目标，艰苦奋斗，以"诚"待劳，以实干实现自身价值。

3.形式灵活有度，注重提供师生教学资源。本教程通过形式新颖、内容丰富的劳动实践活动安排，为教师的劳动教育教学提供有效资源，让学生体会因取得劳动成果而产生的满足感和愉悦感，体验劳动的价值感和存在感，切实感受劳动不仅光荣，还能让人获得幸福感，从而让其身心获得全面发展。

本教程由大汉国际工匠院组织编写，在编写过程中参考和借鉴了劳动教育研究方面的文献资料、网络资源和相关的研究成果，在此向相关作者一并表示真诚的感谢！

由于编者水平有限，加之编写时间仓促，书中不足之处在所难免，敬请广大师生，以及其他读者批评指正，以便改进。

编　者

2021年4月

目 录

第一章　劳动教育与工匠精神概述　　　　　　　　　　　　　1
　　第一节　劳动教育的背景和意义　　　　　　　　　　　　　2
　　第二节　工匠精神的内涵及要素　　　　　　　　　　　　　11
　　第三节　劳动教育与工匠精神培育的关系　　　　　　　　　21
　　第四节　学校劳动教育与其他"四育"的关系　　　　　　　23

第二章　劳动与劳动能力的形成　　　　　　　　　　　　　　29
　　第一节　劳动的概念及内涵　　　　　　　　　　　　　　　30
　　第二节　劳动的属性与类型　　　　　　　　　　　　　　　34
　　第三节　劳动能力及其形成　　　　　　　　　　　　　　　38
　　第四节　劳动素养及其评价　　　　　　　　　　　　　　　42

第三章　劳动价值观与劳模精神　　　　　　　　　　　　　　55
　　第一节　劳动价值观及其差异　　　　　　　　　　　　　　56
　　第二节　劳动价值观的形成过程及内在逻辑　　　　　　　　65
　　第三节　劳模精神与劳动精神的关系　　　　　　　　　　　68
　　第四节　劳模精神的具体表现及典型人物　　　　　　　　　72

第四章　劳动教育的实施　　　　　　　　　　　　　　　　　79
　　第一节　劳动教育的组织形态　　　　　　　　　　　　　　80
　　第二节　劳动教育的自我管理　　　　　　　　　　　　　　84
　　第三节　劳动教育与专业教育　　　　　　　　　　　　　　91
　　第四节　勤工助学劳动教育　　　　　　　　　　　　　　　94

第五章　工匠精神的培育 …… 99
 第一节　工匠精神培育的组织形态 …… 101
 第二节　工匠精神的养成过程及内在逻辑 …… 104
 第三节　工匠精神的自我修炼 …… 108
 第四节　工匠精神及其培育的自我评价 …… 110
 第五节　现代工匠典型人物 …… 114

第六章　几种主要类型劳动价值及工匠精神养成 …… 117
 第一节　校园劳动的教育价值及工匠精神养成 …… 118
 第二节　社会劳动的教育价值及工匠精神养成 …… 130
 第三节　家庭劳动的教育价值及工匠精神养成 …… 146
 第四节　职业场域劳动的教育价值及工匠精神养成 …… 154

第七章　劳动权益保障与劳动安全 …… 163
 第一节　劳动合同及其履行 …… 164
 第二节　劳动权益与社会保障 …… 169
 第三节　遵守安全规程和日常安全防范 …… 174
 第四节　劳动保护与安全常识 …… 176

参考文献 …… 186

第一章 劳动教育与工匠精神概述

学习目标

1. 了解劳动教育的概念、背景和意义。
2. 理解工匠精神的内涵及其要素。
3. 了解劳动教育与工匠精神的关系。
4. 了解劳动教育与其他"四育"的关系。

课程引入

职业院校学生需要什么样的劳动教育课?

情景一：2019年9月，四川城市职业学院开始推行一项学生管理改革：将劳动课纳入必修课。从2019级开始，每个学生必须修满每学期24学时，总计2个学分的劳动课。（2019年12月5日《中国教育报》）对此，有人认为是"多此一举"，浪费学生时间；也有人认为劳动课有其他课程不能替代的积极意义，能强化学生的劳动观念、提升学生的劳动技能。

情景二：某职业学院开设的"种田"课引起广泛讨论。为培养学生吃苦耐劳的品性，该学院自2006年起便开设了这门特殊的"种田"课程。该校将"种田"设置为学生的必修课，要求每名在校生必须在农场里修满40个学时，共计2个学分的劳动课，才能毕业。学生、家长对"种田"课程的看法，偏向质疑的较多，认为学校教育提倡的实践课程，大部分已落脚在本校企业、社会服务、孵化基地上了，而面朝黄土背朝天的"种田"课程与当今职业教育要求相差甚远。

> **想一想**
>
> 你支持学校开设劳动教育课吗？请结合上述材料简要说明理由，并谈谈你对劳动教育的理解。

第一节　劳动教育的背景和意义

2020年3月，中共中央、国务院印发《关于全面加强新时代大中小学劳动教育的意见》，强调劳动教育是中国特色社会主义教育制度的重要内容，要把劳动教育纳入人才培养的全过程，贯通大中小各学段，贯穿家庭、学校、社会各方面，与德育、智育、体育、美育相融合，实现知行合一，促进学生形成正确的世界观、人生观和价值观。显然，大中专院校实施劳动教育已是其技术技能人才培养不可或缺的关键要素。

一、劳动教育的概念

由于不同时期、不同国家和地区的劳动教育思想及劳动教育实践的差异，劳动教育的概念不完全一致，出现了德育属性的劳动教育、智育属性的劳动教育、德育智育结合的劳动教育以及实践形式的劳动教育等。

（一）作为德育内容的劳动教育

劳动教育是学校"五育"之一，并具有德育属性。《辞海》中对劳动教育的定义为："劳动教育是德育内容之一，对学生进行热爱劳动和劳动人民、珍惜劳动成果、树立正确的劳动观点和劳动态度、通过日常生活培养劳动习惯和技能的教育活动。"《中国大百科全书·教育》中将劳动教育的定义为："使学生树立正确的劳动观点和劳动态度，热爱劳动和劳动人民，养成劳动习惯的教育，是德育的内容之一。"以上两个定义均强调劳动教育的德育属性，将劳动教育视为德育的一部分，侧重热爱劳动和劳动人民的情感、正确劳动观念和态度的培养，把劳动习惯和技能的养成看作日常生活培养的结果。

向劳动者致敬

（二）作为智育内容的劳动教育

劳动教育具有智育属性。《教师百科辞典》对劳动教育的定义是："劳动教育就是向受教育者传播劳动知识和技能，培养他们正确的劳动观点、劳动习惯和劳动情感。"成有信在其《教育学原理》中将劳动教育定义为："培养学生具有现代工农业生产的基本知识和基本技能的教育。"以上两个定义都强调劳动教育的智育属性，将劳动教育的主要价值定位为传播现代生产基本知识和技能，提高社会劳动生产的智力水平。

（三）德育和智育相结合的劳动教育

劳动教育同时具有德育、智育双重属性。《中国百科大辞典》指出："劳动技术教育是全面发展教育的重要组成部分之一，由劳动教育和技术教育两方面组成，其中劳动教育是以劳动实践为主，结合进行思想教育。"也就是说，劳动教育偏重实践认知和体验，结合德育，二者共同培养劳动观点、劳动技能和劳动习惯。徐长发认为劳动教育是使青少年学生获得正确的劳动观念、劳动习惯、劳动情感、劳动精神，了解和懂得生产技术知识，掌握生活和劳动技能，在劳动创造中追求幸福感的育人活动。它包括劳动思想观念的教育、劳动技术知识和劳动技能的教育。以上定义认为劳动教育具有思想品德教育和知识技能教育的双重属性。

（四）作为实践形式的劳动教育

劳动教育具有实践属性及综合属性。陈勇军认为劳动教育是学生参加劳动实践活动的教育形式，并借此全面提升学生德智体美各方面的素质。他认为劳动教育的本质是指通过学生参加劳动实践活动所进行的一种有目的、有计划、有组织的培养受教育者多种素质的教育活动，是融德育、智育、体育、美育为一体的全面提高学生素质的综合性教育。苏霍姆林斯基认为，"劳动教育是对年轻一代参加社会生产的实际训练，同时也是德育、智育和美育的重要因素"。劳动教育的理想追求是"使每一个人早在少年时期和青年时期就能领悟到劳动能使他的自然天赋更全面、更明显地发挥出来"。因此，苏霍姆林斯基把劳动教育视为让学生参加社会生产实践训练的形式，通过这一形式渗入德育、智育和美育，全面发挥儿童的自然天赋。陶行知也把劳动教育视为"在劳力上劳心"的实践活动。他指出"中国教育之通病是教用脑的人不用手，不教用手的人用脑，所以一无所能"，劳动教育的目的是"手脑相长，以增进自立之能力，获得事物之真知及了解劳动者之甘苦"。

从教育家和研究者对劳动教育的研究中可以发现，劳动教育既是一种教育内容，又是一种教育形式。作为教育内容，劳动教育的概念与德智体美"四育"的概念并举，同时有着独特的教育任务，即培养热爱劳动和劳动人民的情感，形成正确的劳动观念和劳动态度，培养良好的劳动习惯和劳动技能。但从内涵理解或界定上看，劳动教育往往被包含在德育和智育范围内，所以，劳动教育一直没有取得与德智体美"四育"并举的地位。作为教育形式，可以将劳动教育理解为：学生通过生产劳动的实践锻炼，促进德智体美全面发展。但是，被视作教育形式之一的劳动教育往往又被认为只是完成各种育人任务的载体，难以取得与其他育人形式平等的地位。可以说，劳动教育在学校中被弱化现象的出现，与劳动教育本身的性质和在国民教育体系中的地位不明确有很大的关系。

综上所述，新时代大中专院校的劳动教育是中国特色社会主义事业建设者和接班人培养，以及技术技能人才培养的体系结构的重要组成部分，是根据新时代劳动发展趋势而组织的对学生的劳动思想教育、劳动技能培育和劳动实践锻炼，是全面提高学生劳动素养的过程，其目的是引导新时代的学生在劳动创造中追求幸福感、获得创新灵感，培养具有社会责任感、创新精神和实践能力的高素质人才。

二、劳动教育的内涵

劳动教育自古有之，与教育的产生几乎同步。东西方古代的劳动教育是面向大众、面向生产实践的教育，带有明显的体力劳动倾向，存在于普通教育之中，没有独立形态。学校里独立的劳动教育是近代以后的产物。不同时期、不同国家的劳动教育及其思想有所差异，但基本内涵大体一致。

（一）劳动教育的内涵与外延

在内涵上，劳动教育由劳动、教育两个元素构成，是一种以提升学生劳动素养的方式促进学生全面发展的教育活动；在外延上，劳动教育的范畴涉及劳动价值观的形成、劳动智能的传授、劳动态度的培养、劳动情感的培育等方面，劳动教育的类型涉及学校劳动教育、家庭劳动教育、社会劳动教育，劳动教育的形态涉及课堂教学、专业实践、社会活动、家庭生活、生产实践等。

由于劳动价值观是劳动素养的核心内涵，劳动认知又对劳动价值观的形成具有重大影响，因而，结合内涵和外延表述的劳动教育，也可以界定为：以促进学生形成劳动价值观（树立正确的劳动观点、养成积极的劳动态度、热爱劳动和劳动人民等），养成良好劳动素养（形成劳动习惯，有一定劳动知识与技能，有能力开展创造性劳动等）为目的，具有独立品质、多种类型及形态的教育活动。

（二）劳动教育的理论与实践

在一般人的眼里，劳动教育哪里有什么理论，不就是让孩子们打扫卫生、植树养花之类的，真正的农活、工厂车间的生产劳动等，孩子们也干不了，就是做做样子而已。正是这些错误的认识导致当前劳动教育出现了很多问题。

其实，历史上关于劳动及其教育的系统论述早已有之。空想社会主义思想家对劳动有丰富的创造性设想，并提出教育与生产劳动相结合的思想，这是罗伯特·欧文对人类教育思想的一大贡献，来源于他在美国印第安纳州建立"新和谐村"进行的共产主义劳动公社实验。另外，圣西门提出人人劳动，社会应该尽量有益于大多数人，改善人数最多阶级的物质和精神生活是一切劳动和活动的目的，领导和群众是平等关系；傅立叶设想了"法朗吉"的和谐社会组织，人人参加劳动，按比例进行分配，实现城乡、工农、脑体劳动相结合，生产、分配、消费相结合，劳动、学习、生活相结合。

在前人研究的基础上，马克思创作了《资本论》——一部关于资本、劳动的不朽著作，至今社会科学的很多论述都要援引其中的相关思想。马克思揭示了一个基本的道理：生产劳动是人类一切活动的前提。恩格斯也指出："历史破天荒第一次被安置在它的真正基础上；一个很明显而以前完全被人忽略的事实，即人们首先必须吃、喝、住、穿，就是说首先必须劳动，然后才能争取统治，从事政治、宗教和哲学等等——这一很明显的事实在历史上应有的权威此时终于被承认了。"（《马克思恩格斯全集》第25卷）。实际上，社会的物质生产对历史发展起决定性作用。100多年前，恩格斯就提出无产阶级应该有体力劳动无产阶级和脑力劳动无产阶级，"能使大学生们意识到，从他们的行列中应该产生出脑力劳动无产阶级，它的使命是在即将来临的革命中同自己从事体力劳动的工人兄弟在一个队伍里肩并肩地发挥重要作用"（《马克思恩格斯文集》第4卷）。随着科技的发展和人工智能的大量运用，人类会日益从繁重的体力劳动中解放出来，更多的人可以从事脑力劳动，这样对于劳动的精细化程度就会加深，要求更高。但即便如此，人类的劳动精神仍然不能丢掉，很多劳动必须付出体力，机器无法取代。

与劳动教育的理论相比，劳动教育的实践就丰富多彩得多了。

2018年年底，教育部职业院校文化素质教育指导委员会、工业和信息化部工业文化发展中心联合成立全国首家劳动教育研究院，并授牌成立全国36家劳动教育研究中心，聘请了全国40多名专家担任劳动教育研究院的研究员，制定了劳动教育研究院五年发展规划，向全国职业院校发布了2019年劳动教育研究课题，举办了劳动教育的专题讲座，在全国职业院校会议上多次做劳动教育的专题报告，组织了全国职业院校劳动教育骨干教师培训班，组织了全国大学生劳动教育问卷调查，组织编写了劳动教育系列读本（待出版），并率先在重庆工业职业技术学院开设劳动教育与职业素质、中华优秀传统文化选修课。

全国各地的大中专院校结合本地、本校实际，纷纷采取多种举措加强对学生的劳动教育。有的院校将劳动教育作为校园文化建设的重要组成部分，有的院校用艺术的手法呈现劳动典故、劳动事迹、劳动模范等，有的院校整合各类课程中的劳动教育资源对学生进行综合劳动教育，呈现出"百花齐放、百家争鸣"的可喜景象。

(三)劳动教育的背景与缘由

中华民族历来以勤劳勇敢著称。马克思曾引用1852年在广州的一位英国军官的话说:"一个靠劳动为生的中国人……他们特别吃苦耐劳。"(《马克思恩格斯全集》第19卷)。中国古代的先民不管条件多么艰苦都在辛勤劳动,用勤劳的双手推动社会进步,创造了中国古代灿烂的文化。秦始皇兵马俑、万里长城、都江堰、大足石刻、敦煌艺术、大运河、四大发明,还有总结农业生产经验的名著《齐民要术》,总结医学实践经验的名著《黄帝内经》《难经》《神农本草经》《伤寒杂病论》,总结地理的名著《水经注》,百科全书《梦溪笔谈》等。

中国古代四大发明

近代中国由于受到帝国主义的侵略,普通百姓受到残酷的压迫和剥削,人民的生活异常艰苦。即便如此,中国人民还是负重前行,通过自己的辛勤劳动艰难度日。

中华人民共和国成立以后,全社会掀起社会主义新中国的建设热潮,中国人民敢于战天斗地,不怕困难和牺牲,用革命的热情劳动、用牺牲的精神奋斗,创造了一个又一个奇迹。当年国民党的资本家讥笑:共产党军事100分,政治80分,经济0分。西方一些人也曾断言:中国人养活不了中国人。结果怎么样呢?中国人民不仅养活了自己,而且依靠自己的智慧和力量创造出惊人的成绩:西藏和平解放、"一化三改造"顺利完成、抗美援朝战争取得胜利、武汉长江大桥和南京长江大桥建成、"两弹一星"成功发射、神舟六号载人飞船飞入太空、"嫦娥"登月、港珠澳大桥成为世界桥梁史上的奇迹,以及天眼、墨子号量子卫星、中国高铁、扫码付款、共享单车、网购引领世界潮流,等等。这些成就的背后凝聚着无数一线工人、农民、战士、科技工作者等的辛勤劳动。

在看到这些振奋人心的伟大成就的同时,我们也要清醒地看到现实中一些让人担忧的现象。相当一部分年轻人不愿意劳动、懒惰、不懂得尊重他人的劳动成果,甚至鄙视劳动。有的学生毕业了,到了该找工作的时候都不愿意工作,而是赖在家里"啃老",缓就业、慢就业、不就业已经不是个别的、少数人的状态,已占到毕业生总数的28.59%(《2019高校毕业生就业情况观察报告》)。当前劳动教育存在的问题可以概括为:劳动教育的认识浅化、劳动教育的普及短化、劳动教育的内容窄化、劳动教育的育人价值虚化。

港珠澳大桥

这样的现象是极其有害的。实现中华民族伟大复兴的中国梦要靠一代又一代人的艰苦努力和辛勤劳动。习近平在党的十九大报告中指出："中华民族伟大复兴，绝不是轻轻松松、敲锣打鼓就能实现的。全党必须准备付出更为艰巨、更为艰苦的努力。"如果年轻一代不愿意劳动，不爱惜劳动成果，不尊重他人劳动，怎么可能指望他们长大后能够辛勤劳动？怎么可能指望他们为祖国的建设事业贡献力量？怎么可能指望他们克服各种艰难险阻负重前行？因此，习近平总书记才号召全社会加强对青少年的劳动教育，彻底消除以上现象，培养社会主义的建设者和接班人，培养担当民族复兴大任的时代新人。

三、劳动教育的特征

对学生进行劳动教育是我国社会、政治、经济发展的需要，也是完善人的整体素质的必然要求，符合学生身心发展的规律。加强与完善学生的劳动教育，掌握学生劳动教育的自身特征是关键。

（一）教育性

劳动教育首先是教育，是思想政治教育和实践教育相结合的产物，具有教育的典型特征和一般规律。作为素质教育的一个方面，育人是其首要任务。教育性是学生劳动教育的首要特点，也是关键性特点。从社会发展看，学生劳动教育的开展，须遵循现阶段社会的需求，受社会主流意识形态的制约，并为一定的政治、经济、文化建设发展服务。从教育内容看，学生劳动教育是对各种与劳动有关的科学知识和技能的传授与训练，是劳动观念、劳动意识的促进形成。从教育者和受教育者两个主体来看，教育者在劳动教育中必然表现出某种立场和观点，从而对受教育者产生影响；受教育者接受劳动教育的目的、态度决定了教育的效果。

（二）实践性

做中学、学中做是劳动教育的常规教育方式。这种教育方式的存在，决定了其实践性的特点。在对学生进行劳动教育的过程中，课程的教学常常与实践联系在一起。学生只有在实践中亲手摸一摸、做一做、尝一尝，才能知道自己对事物的认知是否正确。劳动实践除了可以使学生正确认知客观世界之外，还可以培养其优良的劳动品格。随着社会经济的发展，劳动教育除了简单的生产劳动和手工制作外，形式更加多样化了，如教学实验实训、课外实践、专业实习以及自发性公益活动等。这些劳动教育的形式都有一个共同的特点——实践性。开展注重学生参与的体验性和社会实践性的劳动教育，可以丰富学生的劳动体验，提升学生独立解决问题的能力，为其将来就业、成家，在社会生活中立足打下良好的基础。

（三）主体性

学生劳动教育的对象是在校学生，换句话说，参加劳动教育的主体是学生本人，而不是他人。结合参与主体的特点对于学生劳动教育至关重要。在当前的教育环境中，有的家长为了让孩子有更多的时间学习、休息，自己包揽了所有的家务，更有甚者跑到学校替子女打扫卫生、洗衣服。作为未来社会的精英，一屋不扫，何以扫天下？在学校的劳动教育中，有的学校为了缓解教育经费的压力，削减专业实习、技能培训、第二课堂、社会实践等的活动空间和经费，没有考虑劳动教育中主体参与的必要性，导致学生劳动教育的效果大打折扣。因此，全社会都应该共同关注，让学生回归生活，在生活中体验劳动，在劳动中体会快乐。

（四）技能性

技能性，也叫技术性，它是新时期学生劳动教育的一个重要特点。科学技术在生产、生活领域的广泛应用，对学生劳动教育的内容提出了新的要求。在先进技术与人工智能大量存在的社会生态环境中，离开技术的劳动教育是没有前途的教育，离开劳动的技术也难有用武之地。劳动的技术性特点要求我们在一些有技术性的复杂劳动组织中，使学生养成劳动观念，提升劳动技能。

四、劳动教育的意义

劳动教育关系到人的全面发展，关系到国家的未来，开展劳动教育是遵循马克思主义教育思想、构建高质量教育体系和高水平人才培养体系的必然要求，对于大中专院校整个课程教学及人才培养具有重要意义，应当予以高度重视。

（一）必然要求

首先，开展劳动教育是遵循马克思主义教育思想的必然要求。马克思提出了生产劳动与教育相结合的劳动教育思想，并将其确定为办好社会主义教育的一条重要原则。而且，这不同于普通的教育思想，他从唯物主义角度阐述了系统全面的劳动教育思想，把劳动教育提升到普遍规律的高度之上，强调人的解放需要开展劳动教育，从根本上明确了教育应当"为人、对人、靠人"。劳动教育的开展不可或缺。

其次，开展劳动教育是构建高质量教育体系和高水平人才培养体系的必然要求。我国高职院校及应用性本科肩负着培养社会主义事业建设者和接班人、造就无数高技术技能人才的重大任务，肩负着"为人民服务、为中国共产党治国理政服务、为巩固和发展中国特色社会主义制度服务、为改革开放和社会主义现代化建设服务"的神圣使命，其培养的人才就应该有正确的世界观、人生观和价值观以及正确的事业观、审美观和劳动观。大中专院校开展劳动教育，可以促进树德、增智、强体、育美，其中，劳动精神的培育是大中专院校德育的重要内容。劳动科学和技能的教育是大中专院校智育的重要内容，劳动能力的锻炼是大中专院校体育的重要内容，劳动者对美的追求和创造是大中专院校美育的重要内容。加强劳动教育，倡导劳动最光荣、劳动最崇高、劳动最伟大、劳动最美丽的价值观念，将切实加强学生理想信念教育，使其崇尚劳动价值、追求劳动创造、尊重劳动主体，以辛勤劳动为荣，以好逸恶劳为耻，不断成长为有理想信念、有过硬本领、有责任担当的社会主义建设者和接班人，进一步营造劳动光荣的社会风尚和精益求精的敬业风气。劳动教育应该独立成为完善人才培养目标、支持德智体美育的重要平台。可以说，加强大中专院校劳动教育，是中国特色职业教育的显著特点，是扎根中国大地办大中专院校的本质要求。

（二）客观需要

劳动教育是劳动和教育的有机结合，一方面发挥了劳动的效用，通过利用和总结实践经验实现了理论和实践相结合、知行合一，人们得以在实践中学习、在学习中实践；另一方面发挥了教育的效用，深化了学生对于劳动生产知识和技术的认识与理解，提高了学生的劳动实践能力以及分析和解决问题的水平。"以劳动托起中国梦"是习近平总书记对于历史和现实的清晰判断，只有加强劳动教育才能培养出一大批勤于劳动和善于劳动的人才，才能符合新时代教育发展的根本要求，因而成为实现个人梦想和国家梦想的一个重要选择。

但在现实生活中，由于社会物质生活的丰富，加之传统家庭教育的方法有失偏颇，孩子应该做的事情都由家长包办了，致使一些孩子在家力所能及的事情都不肯去做，都没有做过，过着饭来张口、衣来伸手的"小太阳"生活。毫无疑问，贯彻落实党的教育方针，把"劳"作为培养目标之一，在大中专院校开展多种形式的劳动教育，是当前社会现实的需要，更是年轻一代成为实现中华民族伟大复兴中国梦的社会主义事业建设者和接班人的需要。

案例

山西建筑工吉克达富：让青春在奋斗中磨砺锋芒

2019年4月23日，庆祝五一国际劳动节暨全国"五一"劳动奖和全国工人先锋号表彰大会在北京人民大会堂举行。山西建投一建集团塔吊司机吉克达富荣获"全国五一劳动奖章"，成为山西省建筑行业唯一获此殊荣的个人。

吉克达富，1997年出生，是一名来自四川西南大凉山深处的彝族青年。四年前，18岁的他心怀改变命运的渴望，带着一份青涩和懵懂，走出了偏远山区。离家千里，求职打工，第一次来到繁华都市的吉克达富，看到拔地而起的高楼大厦，一个念头油然而生——做一名塔吊司机，看能否用自己这双手搏出一片天。

初到山西一建当学徒，吉克达富十分珍惜每一次练习的机会。他努力克服语言交流障碍，熟背操作步骤，上塔前认真调试，下塔后精心保养设备，带着疑问虚心请教师傅。凭着一股钻研劲儿，一点一滴积累经验、反反复复推敲练习，在极短的时间内，吉克达富就对不同型号的塔吊操作要点了然于心，迅速成长为班组的主力干将。这让工地上经验丰富的老师傅们都对他竖起了大拇指，连连夸赞这个小伙子进步快、悟性高，日后必定成才。

然而，年轻的吉克达富丝毫没"飘"，他不满足于仅仅掌握这些基本的技能，而是立志"玩转"眼前这一座座高耸入云、让人望而却步的巨型塔吊。如何定位吊钩更精准，怎样回转大臂更高效，如何规划路线更顺畅，怎样卸载更安全等，他都讲起来头头是道，做起来游刃有余，甚至是很偏的起升角度，他都能顺利作业。如此大型机械，对他来说，就像手中的一件工具，驾轻就熟。

从大山里走出来的吉克达富看到了社会的发展进步，看到了现代化建设的蓬勃发展，他明白时代的进步需要优秀的产业技术工人，便毫无保留地将自己的经验分享给同事，积极对项目班组成员帮传带教、开展培训，帮分公司培养出了一批技术过硬的塔吊司机。坚忍刻苦、自立自强、爱岗敬业，使吉克达富能够在城市中踏实、安心地学习，从一个普通青年成长为技术能手。知识改变命运、技能成就人生。吉克达富犹如一个标杆，他的精神感化着周围的同事、工友，他的行为引得工友纷纷效仿，学习再学习、进步再进步，你赶我超，努力成为更加优秀的塔吊司机。在他的家乡，劳模的先进事迹激励着当地的待业青年勇敢地走出去，学知识、学技能，把一腔热血化作积极进取的动力，投身广阔的现代化建设事业。在他们身上，折射出国家对新时期稳定产业技术工人就业、促进农民工融入城市稳定就业的重视，体现出良好的就业环境，闪耀着时代机遇的光芒。

第二节　工匠精神的内涵及要素

工匠，从字面上来看，就是工人、匠人的意思。在中国古代"工匠"一词主要是指有手艺的劳动者。他们技艺精湛，匠心独具；他们勤劳、敬业、稳重、干练并遵守规矩，一丝不苟；他们不断雕琢自己的产品，不断改善自己的工艺，享受产品在手中升华的过程；他们以工作获得金钱，但他们不为金钱而工作；他们耐得住寂寞、经得起诱惑，将毕生精力奉献给一门手艺、一项事业、一种信仰；他们执着、坚守、精进，不断追求极致与完美。《周礼·考工记序》中记载"国有六职，百工与居一焉"，体现了工匠在当时社会中的重要地位。古代工匠精神的内涵可以概括为三个方面：一是读书笔记重视技艺，刻苦学艺，提高自身能力；二是追求"精益求精"，《诗经》用"如切如磋，如琢如磨"来形容工匠对玉石、骨器的加工态度，这体现了古代工匠精神的品质；三是讲求"道"，其一方面是指师道传统，尊敬师傅，另一方面是指工匠敬重上天、神灵，有参悟天道规律的精神。

一、工匠精神的基本内涵

工匠精神属于职业精神的范畴，是从业者的一种职业价值取向和行为表现。具体而言，它是从业者，尤其是工匠，对产品精雕细琢、精益求精的理念，是不断地雕琢产品、改善工艺、享受产品升华的精神追求。工匠精神的核心是对品质的追求，工匠精神的目标是打造本行业的精品，其基本内涵包括以下几个方面：

第一，工匠精神指向的是一种高尚的价值观和工作观。这种工作观意味着从业者一旦选定了一份职业，必须发自内心地投入、热爱，摒弃功利心、浮躁心和投机心，将工作视为一种信仰，用修行的状态专注其中，持续、专注地工作，做到极致，并在这种极致中获得创造与升华。这种工作观是一种纯粹的工作观，工作作为取得物质利益的功能属性被弱化，更多地体现为对生命价值的追求与呈现。在这种观念的主导下，人的价值高于物的价值，用户价值高于生产价值，社会价值高于利润价值，共同价值高于个人价值。

第二，工匠精神的基础是一流的人品和良好的心理素质。例如创建了德胜管理体系的聂圣哲（德胜洋楼有限公司总监），其倡导的核心价值观是"诚实、勤劳、有爱心、不走捷径"，认为勤劳、敬业的工作态度远比工作知识和能力更为重要。德胜新员工培训的核心目的为养成认真的工作态度，其内容主要为清洁、帮厨、绿化等与技术技能无关的工作；视诚信为生命，上下班不打卡，财务报销无审批，但对工程质量的诚信却是坚决、严格到不近人情的地步。

德胜洋楼

第三，工匠精神的核心理念是对品质的无限追求。具备真正的工匠精神的劳动者，均有着极高标准的质量观，把品质视为生命，对质量的精益求精、对制造的一丝不苟、对完美的孜孜追求永无止境。德胜洋楼以把"质量是道德，质量是修养，质量是对客户的尊重"作为质量方针，对施工质量和服务质量提出了极为精细、严格且恒定的要求，即使是甲方验收人员认为不影响质量、同意通过的细节瑕疵问题，也是绝不能容忍的存在。

第四，工匠精神的内涵在不同的历史时期和不同的产业结构中有着不同的侧重体现。例如像德国、日本这样以制造业尤其是高端制造业为主要产业的国家，其工匠精神的内涵侧重于工艺上的精耕细作、品质和性能上的精益求精以及在这种追求中体现出来的"执着""不放弃""淬炼心性"等全心投入、坚持不懈、持之以恒的对技术工艺的狂热追求。而像美国这样以高科技、金融为主体的国家，其工匠精神的内涵更多侧重于创新、创意层面。

二、工匠精神的基本要素

工匠精神的基本要素包括爱岗敬业、团结协作、精益求精、认真专注、创新创造等几个方面的内容。工匠在工作中全力以赴完成工作并力求达到极致，工匠具有的这些品质超越了普通劳动者的精神品质，是工匠精神的外在表现。

（一）敬业

敬业是从业者基于对职业的敬畏和热爱而产生的一种全身心投入的认认真真、尽职尽责的职业精神状态。中华民族历来有"敬业乐群""忠于职守"的传统。敬业是中国人的传统美德，也是当今社会主义核心价值观的基本要求之一。早在春秋时期，孔子就主张人在一生中始终要"执事敬""事思敬""修己以敬"。其中，"执事敬"是指行事要严肃认真，不怠慢；"事思敬"是指临事要专心致志，不懈怠；"修己以敬"是指加强自身修养，保持恭敬谦逊的态度。宋代大思想家朱熹将敬业解释为"专心致志，以事其业"。

案例

史庆明：46年顾客零投诉的纪录是这样实现的

史庆明在粮食供应系统已经工作了30多年，作为一家粮油食品公司的总经理也有近20年的时间。走进史庆明的办公室，四面墙上挂满了锦旗和荣誉牌匾。这些既是他的荣誉，也是他的责任。它们时刻提醒着他，永远都要坚持为人民服务。

虽然是粮店的一把手，史庆明并没有以领导的身份自居。每天，他都和普通员工一样，在营业室忙前忙后，接待顾客，组织搬货，协调秩序，每件事情都亲力亲为。他不仅管店内的事，店外的事也管。冬天，当看到有刚买完粮的顾客站在店外的马路边半天打不到车时，史庆明就组织人或者亲自开车把顾客送回家。

在佳木斯市，粮店免费送货服务是史庆明最先提出的。当时还是计划经济时期，职工们对免费送货上门的规定很不理解，心里有抵触，史庆明就以身作则，亲自一家家地送。有了领导的示范作用，职工们也都慢慢接受了免费送货服务，最终将免费送货的服务在全店推开。粮店规定，只要顾客购买超过1元的商品，店里就免费送货，但服务推行至今，没有一个顾客真的只买1元钱的东西就要求送货的，粮店的真心服务也换来了顾客的理解和信任。

在市场经济中，公司或企业都努力追求利益的最大化。谈到追求利益与优质服务的关系，在史庆明眼中，这两方面并不矛盾。粮店的顾客大部分是回头客，有些粮店的老顾客已经搬家，但是很多人宁可舍近求远，多走些路，多倒几趟车也要到粮店来买粮。在这些顾客的眼里，粮店俨然已经不再是个普通的粮店，而是消费者心中诚信的象征，他们到这里购物就是图安心和开心。每天，粮店的顾客都络绎不绝，小小的营业室常常挤满了前来选购的消费者。高质量、低价格、好服务就是粮店不断发展的秘诀。

多年来，史庆明几乎年年都能得到国家、省、市颁发的各种荣誉，但是对他来说，什么荣誉都不如顾客的一声"谢谢"、一个发自内心的微笑、一个感激的眼神。在他的带动下，粮店46名职工人人都是优秀营业员或先进工作者，并保持安全生产无事故、顾客零投诉的纪录46年。

(二)协作

所谓"协作",是指团队成员的分工合作。与传统工匠不同,新时代工匠尤其是产业工人的生产方式已不再是手工作坊,而是大机器生产,工匠们所承担的工作只是众多工序中的一小部分,如"复兴号"列车,一列车厢就有3700多道工序,这3700多道工序,一个人是不可能完成的,必须由车间或班组(团队)协作完成。团队需要的是"协作共进",而不是各自为战。因此,"协作"是现代工匠精神的要义。

(三)精益

1.没有最好,只有更好

"最好"是无止境的,任何时候都要想到"更好"。"没有最好,只有更好"说明了对质量的追求永不知足、永远在改进,永远只认为自己还在路上,离终点还有距离。

做事精益求精是一种优秀的习惯,这种习惯不仅能够使我们心情愉快、精神饱满,还可以使我们的才能迅速得到提升,学识日渐充实,使自己在不断进步中逐渐提升人生品位;反之,即便我们再有才华,再有能力,如果做事没有精益求精的精神,总是马马虎虎,那么,我们定然无法进步,做不出什么成就来,我们所有的能力、天分、智慧和独创力也可能会消磨殆尽。对自己的技术精益求精,可以让我们的技术更加进步。对生活质量精益求精,可以让我们看到更好的生活方式,让我们的生活更加美好;对企业管理追求精益求精,会让整个企业焕发生机,蓬勃发展。在人的身上,有一种神秘的力量就是进取心,它使我们向着目标不断努力,不允许我们懈怠,让我们永不满足。每当我们达到一个高度,它就召唤我们向更高的境界努力。

2.一丝不苟,在细微处用心

在生活中,细节因其琐碎、繁杂,常常为人们所忽略。然而,当今时代是一个细节制胜的时代,如国际名牌POLO皮包凭着"一英寸之间一定缝满八针"的细致规格,几十年来在同行业中一直立于不败之地。生活的一切原本都是由细节构成的,每个人所做的工作也都是由一件件小事构成的,如果一切归于有序,决定成败的必将是微若沙砾的细节。在现代社会分工越来越细和专业化程度越来越高的今天,随着精细化管理时代的到来,细节的竞争才是最终和最高层面的竞争。

诚意之作不是光靠热情就能完成的。工匠有着把工作视为使命的激情,但做事时依靠的是严苛的理性。他们不厌其烦地重复着一道道工序,全神贯注地审视着每个细节。一件产品的诞生离不开多个部门的合作,里面注入了无数工作人员的心血。假如有一个环节出问题,其他人的努力可能就要白费了。工匠精神有着穿越时空的伟大力量,但它体现在一个个微不足道的细节当中。轻视细节是人类常见的毛病,特别是那些看起来没什么影响的细节,很难得到大家的重视,然而其中很可能就隐藏着我们可能出现的错误。

细节决定成败，细节更能决定有没有耐心、有没有精神。只有在细微处用心，做到极致，才能让工匠精神体现出来。因此，工匠精神就是把细节做好的精神。细节做好了，无论做什么，都是一把好手，是真正的工匠。

"细微之处见精神。"微小而细致的细节不会在市场竞争中显得那么大张旗鼓，可以取得立竿见影的效果，但是它有着自己的独特精神。小事的竞争，就像春雨润物，无声无息又潜移默化。在科技发展达到相当水平的今天，大刀阔斧地干就可以大大超越别人的年代已经一去不复返了，决定竞争胜利与否的因素，往往就是一点一滴的工作细节。也许一丝一毫的差别并不大，但可能就是一丝一毫的差别，才赢得了用户对品牌的认可。

对于个人的发展来说，每一项细微的工作，如敲定一个符号、纠正一个错误、修正一个计划等，都会对其事业的发展产生重要的影响。所以，我们无论做什么，都不能忽视工作中每一个微小的细节，把小事做好，才有做大事的能力，也才能把大事做好。

3.精益求精，杜绝"差不多"

对于工匠来说，细致、精心、认真是其最根本的品质，也是其最可贵的态度，对于任何细节、任何小事他们都以完美的态度来对待，从来不会粗心大意。

差不多就是有差距，有差距就是差很多。事实确实如此。而这也正是眼下浮躁的人应该注意的地方，因为大部分人经常会出现内心的不平：我和××都差不多，凭什么他升职而我不升，凭什么他得奖而我没有，凭什么他加薪而我没有，等等。一大堆这样的不平，其实都可以这样解释：差不多就是有差距，有差距就是差很多。

正如不平凡与平凡之间，差的就是那么一点点超越。爱迪生说："天才是1%的灵感加上99%的汗水。"在现实生活中，有很多时候，很多的事情就差那么一点点，而正是这一点点，就造成了巨大的差别。

很多时候人们都会忽视小细节，觉得差不多就行，但往往"差不多"的结果是"差很多"，差很多的结果就是出问题，就是有损失。

做事情如果有"差不多""大概过得去""还行吧""凑合"这样的心态，那是最要命的。正是因为人们有这种心态，工作中才漏洞百出，失误频频，所生产的产品才瑕疵众多，缺乏竞争力。因为"差不多"，许多企业如昙花一现，它们的产品也只能沦落为地摊货或被标上二等品，与一等品只差一点，其价值就相差很多。很多时候，"差不多"就是差很多。

"差不多"有时会差很远，无论是相差0.1毫米还是0.1秒，都是毫厘之差，结果却是天壤之别！比如短跑，第一、二名之间有时可能相差0.01秒；又比如赛马，第一匹马与第二匹马相差仅半个马鼻子，差几厘米而已，却是冠军与亚军两个级别之差。

凡事最怕"认真"二字。当"差不多"时，不妨思考一下是否可以更进一步就不用讲

"差不多"了。如果一直"差不多",最后就会差很多!也许在生活中,"差不多先生"对任何事都看得破、想得开、不计较,不过,在工作中"差不多"的心态必须杜绝,因为每个员工都是团队的一分子,如果每个人都讲"差不多",那一定会给公司或个人造成不必要的损失。

不少人面对工作总是将"差不多、过得去、慢慢来"挂在嘴边,在这种意识的作用下,工作难免会有失误或出问题,而当问题一旦出现后又总找借口。因此,这种"差不多"心态要不得!无论做什么事情,都要多问自己几次"真的可以'差不多'吗?差那一点儿会给自己、给公司、给顾客带来什么害处?"如此才能彻底告别"差不多先生",真正杜绝"失之毫厘,谬以千里"。

如果说粗心大意有时是无心之过,那"差不多"则是意识的问题。在我们的工作中,一定要传承工匠的一丝不苟、追求极致的精神,从思想深处杜绝"差不多"心态,杜绝日常的粗心大意,成为真正合格的工匠。

(四)专注

专注就是内心笃定而着眼于细节的耐心、执着、坚持的精神,这是一切"大国工匠"所必须具备的精神特质。很多技艺精湛者往往选择一生只做一件事,工匠精神就意味着这种执着精神,能做到几十年如一日的坚持与韧性。工匠精神离不开专注和坚持这两个核心要素。工匠精神是精益求精,慢工出细活,往往需要时间的积累和实践的沉淀。那些卓越的艺术家、科学家和技术大师,无不是浸淫多年、苦心孤诣才成就的。

案例

"当代鲁班"走红网络

鲁班凳、中国馆、运动的小猪佩奇,这些物件都出自王德文("阿木爷爷")之手,凭着木块上的凹槽,木块之间结合得天衣无缝。对这些让人惊艳的作品,网友纷纷点赞,"用最原始的工具,打造新颖的手工制作,鲁班功夫再现"。他的作品不仅在国内获赞无数,在国外王德文也收获了大批粉丝,他在YouTube上拥有118万粉丝,视频播放量上亿次。

网友们将他称为"当代鲁班",对其各种结构精妙的鲁班锁赞不绝口。小小的木块,拼拼叠叠,几个简单的操作就变成了一个苹果的形状。这里用到的是榫卯结构,这是古代中国建筑、家具及其他器械的主要结构方式,即在两个构件上采用凹凸部位相结合的连接方式,不用钉子和胶水,木块之间神奇地成为一个整体。小到口哨,大到船只,都出自王德文之手。他告诉《现代快报》记者,自己从13岁就开始接触木工了,"9岁的时候父亲去世了,我就不上学了。那时候家里生活条件比较艰苦,一直想着挣点钱,补贴家用"。学习木工,王德文没有真正拜过一位师父,他只是跟着不同的木工前辈打杂。

第一章 劳动教育与工匠精神概述

16岁的时候,他完成了第一件木工作品,"当时家里的锅盖坏了,我就自己做了一个锅盖"。这件作品让他印象深刻,至今他还记得尺寸,直径70厘米。

木工活干了一辈子,需要经常和凿子、锯子、切割机打交道,在王德文看来,受伤是在所难免的事情。他回忆,2007年冬天,他在做工时不小心伤到了右手的中指,当时鲜血就涌了出来。"虽然后来去了医院,但是现在这个手指还是短了1厘米。"

在王德文的视频中,最令网友惊叹的要数再现的鲁班作品。其中4月8日发布的鲁班锁视频,点赞量达到3.8万。网友纷纷留言赞叹:"这爷爷做的木工很有鲁班技术,现在的木工没法和爷爷的比。""这就是木匠,大国工匠。""这手艺不能失传啊!"

视频中,木块被锯成了一块块小的长方条,一共33块小木块。之后在小木块上画线,以便凿出槽口,不一会儿零碎的木头就被拼成了鲁班锁。镜头下,王德文的双手偏黑,关节处已经有凸起的老茧。

"一件作品的完成,要从挑选木料开始。"王德文说,他一般会去桂林木材厂挑选木料,木纹有粗细之分,细纹的木料比较坚硬,他一般都会挑细纹的。挑选完木料之后,他再将木料分成小的木块,经过打磨之后就可以使用了。因为再现了鲁班的作品,王德文也被网友们称为"当代鲁班"。对于这个称呼,王德文说:"我只是个农民、老木工,因为拍视频被大家认识了,还有很多好的木工是大家不认识的。"

(五)创新

1.创新的概念

创新是以现有的思维模式提出有别于常规或者常人思路的见解为导向,利用现有的知识和物质,在特定的环境中,本着理想化的需要或者为满足社会需求而改进或创造新的事物、方法、元素、路径、环境,并能获得一定有益效果的行为。

关于创新的标准,通常有狭义与广义之分。狭义的创新是指提供独创的、前所未有的、具有科学价值和社会意义的产物的活动,如科学上的发现、技术上的发明、文学艺术上的创作、政治理论上的突破等。广义的创新是对本人来说提供新颖的、前所未有的产物的活动,也就是说,一个人对问题的解决是否属于创新性的,不在于这一问题及其解决办法是否曾有人提出过,而在于对他本人来说是不是新颖的。

具体来说,创新主要包括以下四种情况:

(1)从生物学角度来看,创新是人类生命体内自我更新、自我进化的自然天性。生命体内的新陈代谢是生命的本质属性,生命的缓慢进化就是生命自身创新的结果。

(2)从心理学角度来看,创新是人类心理特有的天性。探究未知是人类心理的自然属性,反思自我、诉求生命、考问价值是人类客观的主观能动性的反映。

（3）从社会学角度来看，创新是人类自身存在与发展的客观要求。人类要生存就必然向自然界索取，人类要发展就必须把思维的触角伸向明天。

（4）从人与自然关系角度来看，创新是人类与自然交互作用的必然结果。

2.创新的特征

创新既是由人、新成果、实施过程、更高效益四个要素构成的综合过程，也是创新主体为实现某种目的所进行的创造性的活动。它的主要特征包括以下几个方面：

（1）创造性。创新与创造发明密切相关，无论是一项创新的技术、一件创新的产品、一个创新的构思还是一种创新的组合，都包含有创造发明的内容。创新的创造性主要体现在组织活动的方式、方法以及组织机构、制度与管理方式上。其特点是打破常规、探索规律、敢走新路、勇于探索。其本质属性是敢于进行新的尝试，包括新的设想、新的试验等。

（2）目的性。人类的创新活动是一种有特定目的的生产实践。例如，科学家进行纳米材料的研究，目的在于发现纳米世界的奥秘，提高人类认识纳米材料性能的能力，促进材料工业的发展，提高人类改造自然的能力。

（3）价值性。价值是客体满足主体需要的属性，是主体根据自身需要对客体所做的评价。创新就是运用知识与技术获得更大的绩效，创造更高的价值与满足感。创新的目的性使创新活动必然有自己的价值取向。

（4）新颖性。简单理解就是"前所未有"。创新的产品或思想无一例外是新的环境条件下的新成果，是人们以往没有经历体验过、没有得到使用过、没有贯彻实施过的东西。

用新颖性来判断劳动成果是否是创新成果时有两种情况：一是主体能产生出前所未有成果的特点。科学史上的原创性成果，大多属于这一类，这是真正高水平的创新。二是创新主体能产生出相对于另外的创新主体来说具有新意的特点。

（5）风险性。由于人们受所掌握的信息的制约和对有关客观规律的不完全了解，人们不可能完全准确地预测未来，也不可能随心所欲地左右未来客观环境的变化和发展趋势，这就使任何一项改革创新都具有很大的风险性。

案例

大国工匠王军：宝钢"蓝领科学家"为机器装上"中国心脏"

坐落在上海市浦东新区浦电路370号的宝钢是中国现代化程度最高、最具竞争力的钢铁联合企业，1998年成立以来为国家经济社会发展做出了巨大贡献。

19岁怀揣八级钳工梦的王军刚从上海宝钢工业技术学校毕业就被分配到宝钢，在2050

第一章 劳动教育与工匠精神概述

热轧精整线做剪刀组装工。在旁人看来，这种辅助岗位劳动强度大、技术含量低，很难熬出头。但王军认为，即使没机会成为八级钳工，也要做最优秀的剪刀组装工。

正是这种朴素的职业追求和积极的职业心态，促使王军日后在原本不起眼的岗位上成长为一位工匠大师。

"像科学家那样去工作"是王军的座右铭，也是他给自己订立的人生信条。王军强调，一个技术工人不仅要懂技术，还要懂理论，要像科学家一样去思考、去工作、去创新。

王军认为，与科学家相比，一线技术工人更具有得天独厚的实验条件。"创新是技术单元的巧妙结合，工厂有现成的装备和现场，就是现成的实验室，而且全厂员工一起努力探索，十分了解这些机器的特性和'脾气'，一旦做成功立刻就能产生真金白银的效果。""蓝领科学家"是宝钢同事对王军的评价。王军获得的诸多创新奖项更是用事实证明了这个评价是中肯的。

在王军眼中，创新从来不是社会精英、科学家的"分内事"，创新同样可以成为一线工人的"专利"。正是凭着这样的信念，在公司近30年的时间里，王军先后申请国家专利208项（已受理186项，其中已授权155项），申请PCT国际专利12项（已受理12项，其中已授权8项），获宝钢技术秘密认定42项，获国家软件著作权登记2项，在安全、环保、节能等方面的诸多创新成果替代进口并达到国际先进水平。正如王军所言："从我身上可以看到，再普通的岗位都能创新。'中国制造'要转变为'中国创造'，就要依靠大家不断创新。"

作为一名钢铁工人，王军的愿望是在世界冶金钢铁发展史上留下中国人的印记，使宝钢成为全球最具竞争力的钢铁企业。王军所在的热轧厂将成为现代热连轧技术引领者的目标作为所有热轧人的愿景。对刚刚年满50岁的王军来说，未来10年还要在创新的道路上继续干下去。他透露，未来还将完成一项重要突破，这项突破不一定是全新的技术，但肯定会在此前创新的基础上实现更好的发展。

三、新时代工匠精神的现实意义

工匠精神契合了中国经济发展新常态下的转变经济发展方式、产业结构转型升级、经济增长动力转换和供给侧结构性改革的客观需求。同时，其在"精益求精"等基本含义上赋予了许多新的价值内涵，直接连接当下社会新的生产方式和组织形式，精准展现了这个时代的现实需求和价值取向，而培育新时代的工匠精神意义重大而深远。

（一）发展方式向集约式转型需要工匠精神

发展方式转变是中国经济新常态的基本要求，在这个过程中，实现发展方式由粗放向集约转型，需要追求完美、耐心专注、一丝不苟和不走捷径的工匠精神来引领。目前，中国的劳动力成本和资源环境优势正在衰减，粗放式、高能耗、高污染的传统增长方式难以持续，必须依托工匠精神培育质量、技术、品牌、标准、服务等方面的新竞争优势，进而实现向高效型、集约型、技术型的现代增长方式转型。

（二）产业结构向中高端迈进需要工匠精神

当前，中国是制造业大国而不是强国，技术创新能力不强，产品附加值不高，主导产业优势不突出，产业结构调整和转型升级的任务越来越紧迫。因此，中国经济需要以工匠精神内化的追求卓越、不断精进的品质来引领高端制造业和现代服务业的发展，淘汰粗制滥造的落后产业和"僵尸企业"，加快产业转型升级；需要工匠精神引领企业精致化生产和精细化管理，进而推动产业在全球价值链分工体系中迈向中高端。

（三）增长动力向创新驱动转换需要工匠精神

在经济新常态下，技术创新的增长引擎作用更加凸显，工匠精神是制造业"干中学"实践中的创新，在技术"引进、消化、吸收、再创新"的过程中发挥着重要作用，大批基层技术人员和产业工人既是创新的构思者，也是创新的践行者。与此同时，工匠精神的不断追求、永不满足的创新精神持续催生着新的技术、新的服务、新的标准和新的品质，直接推动着技术升级、质量升级和产品升级，进而推动经济发展动力向创新驱动转变。

（四）推动供给侧结构性改革需要工匠精神

当前，中国经济结构调整中诸多行业存在无效和低端产能现象，中高端产品供应严重不足，供给端无法满足社会日益增长的中高端消费需求，造成大量购买力向海外流失。这就在客观上需要弘扬工匠精神，重塑产品自身独特的专业品位和专业价值，让企业根据客户不断升级的消费需求对产品精心设计打磨，对品牌精心培育维护，让员工对工作一丝不苟、追求卓越的品质渗透到每一件产品中，实现从产品升级到品牌升级，也就扩大了有效供给和中高端供给。

我国现阶段要优化制度供给，培育新时代的工匠精神。一是要搞好制度顶层设计，实现正式制度与非正式制度的协同。在培育工匠精神的过程中，建立健全各种配套的制度体系（政治制度、经济制度和社会制度）的同时，应注重法律、制度、契约的保障激励作用与日常行为规范、行事准则、企业文化和价值取向等非正式制度的引导有机结合。二是优化政府服务，提高政府效能，激发市场活力和社会创造力，利用高效率的制度安排来激发企业和员工追求极致、奋斗创新、尽善尽美的价值取向。三是完善育人用人体制机制，培养一流的工匠队伍。四是优化市场竞争环境，让工匠精神引领创新创业。对于粗制滥造、假冒伪劣要"零容忍"，极力避免"劣币驱逐良币"现象，提高制假贩假的违法成本，依法保护工匠的知识产权，确保其投入与回报的均衡。

第一章 劳动教育与工匠精神概述

第三节 劳动教育与工匠精神培育的关系

一、劳动教育是培养工匠精神的逻辑起点

劳动教育和工匠精神的培育具有共同的价值取向，即都提倡劳动创造价值，追求劳动技能的不断提高。无论是工匠精神还是劳动教育，其常见做法都依赖于劳动者现实生活中的劳动活动。因此，劳动教育是培养工匠精神的逻辑起点。

现代社会，工匠精神强调的是一种专注于自己的工作，精益求精、不断进取的职业精神。劳动教育的核心和最本质的目标就是帮助学生树立尊重劳动的价值观，引导学生养成良好的劳动习惯。一方面，工匠精神必须在丰富的劳动实践中产生和发展；另一方面，弘扬和培养工匠精神是劳动教育的价值所在。工匠精神来自劳动实践，是劳动实践中敬业精神的升华。劳动教育要培养学生良好的劳动素养和熟练的劳动技能，这也是工匠精神发展的必经阶段。所以说，劳动教育和工匠精神的培育具有共同的价值取向，即提倡劳动创造价值和追求劳动技能的不断提高。

二、用工匠精神升华劳动教育的价值意义

以工匠精神为抓手，切实推进新时代劳动教育，是探索具有中国特色的劳动教育模式的重要举措。随着学校特别是相关行业院校"劳模工匠进校园"工作的不断推进，以工匠精神创新开拓新时代劳动教育的氛围正在不断形成。

提升学生的劳动素养，需让他们明白劳动的意义。只有将工匠精神深入学校的劳动教育当中，才能让学生真正从这些劳模身上感知他们是如何践行工匠精神的，如何为中国的创新注入工匠精神的。劳模精神并不是与生俱来的，而是在热爱当中不断地完善、不断地提升，才将劳动的价值更好地体现出来的。广大劳模在精益求精的过程当中，积极阐发劳动的价值，这才是劳模精神带给学生劳动教育的真谛。

用工匠精神孵化劳动教育新模式，不能单凭课堂上的说教，更要让学生身体力行地感受劳模的精神。劳模工匠进校园只是各地开展校园劳动教育课程改革的一个点，但是，要真正透过这个点，将工匠精神融入劳动教育的始终，成为塑造学生劳动品质的提升工程，不能单凭纸上谈兵，更不能仅满足于课堂，要让劳动实践更好地在学生中开展起来，让学生动手动脑，这样，工匠精神才会更好地融入学生的精神世界。

用工匠精神孵化学校教育的新模式，需要请进来，更需要走出去。劳模走进课堂，深

入浅出地讲述工匠精神固然重要，而让学生体会劳模的品质更加重要。各级各类学校，只有积极构建学校与劳模工匠长期联系的机制和动态调整机制，才能真正提升工匠精神在学生中的深度和广度，让工匠精神随着学生的年龄、心理灵活运用，激发学生追求工匠精神的燃点，让学生的劳动素养、劳动责任得到加强。

劳动创造世界，劳动改变人生，劳动使我们更加强大。在"五一"国际劳动节来临之际，学校不能只限于让学生过节，或者请几个劳模来给学生讲讲课，只有常态化地让劳模与学生之间产生心灵的互动，强化学生的劳动体验，让学生亲历劳动过程，才能提升劳动育人的实效，让劳模工匠这份宝贵的创新、创造精神，勤俭、奋斗、奉献精神，为青少年提升劳动能力、实践能力、创新能力增加动能。

只有多用工匠精神升华劳动教育的真正价值，才能更好地激励青少年自觉弘扬工匠精神，以劳动为荣，让工匠精神成为立德树人的重要教育载体，夯实青少年的劳动素养，建设更美的新时代。

三、工匠精神融入劳动教育的途径

（一）将工匠精神融入劳动思想观念的教育过程

1.注重学校环境氛围的创设

大中专院校可以创设一种能促进工匠精神融入劳动教育的环境，如标识、公告、课堂口号、黑板报等，并将具体的劳动精神融入学校的环境建设。同时，学校还可以通过创建电子滚动屏幕，不断向学生讲述来自世界各地的著名工匠的故事，让学生体会成为专业技师的荣耀和自豪感。此外，在教学走廊、教室内外、学生宿舍楼、校园道路等地方悬挂"工匠精神"人物的图片或不同内容的励志名言，可以深化学生心中劳动精神的印象，反复强调，反复警告，形成微妙的环境力量。

2.更新劳动教育的理念

劳动教育的内容主要集中在加强学生的劳动意识、塑造劳动价值和提高综合劳动能力上。将工匠精神融入劳动教育，是实践社会主义核心价值观的具体实践，它与工匠精神的职业精神和价值取向有着密切联系。培养和弘扬工匠精神，有利于促进学生对社会主义核心价值观的理解，建立尊重简单劳动、重视复杂劳动的价值取向，为学生走上工作岗位做好铺垫。

（二）将工匠精神融入劳动技术知识的教育过程

1.形成相应的理论课程体系

高职院校及应用性本科的学生不仅要养成认真学习的习惯，还要养成专注学习的习惯，在学习中感受工匠精神，并逐渐养成工匠的行为方式。这就要求专业课程的教学考虑到专业和专业特点，并在专业课程的目标、过程和评估中渗透工匠精神，以高标准的专业技术作为人才的培养目标，将劳动精神的培养纳入教学体系的构建，形成相应的理论课程体系。

2.加强师资队伍建设

加强劳动教育，教师队伍建设是其中不可或缺的一部分，这就需要建立一支高水平的劳动教育师资队伍。教师可以通过培训、企业顶岗实践等方式，提高自身对劳动精神的敬畏，在教学各环节进行劳动意识和劳动精神的传递。

（三）将工匠精神融入劳动技能教育的过程

1.构建劳动实践模式

劳动教育的内容主要集中在加强学生的劳动意识、塑造劳动价值、提高综合劳动能力等方面。劳动教育是一种不能脱离实践的教育活动，具有实践性和操作性。我们可以通过开展各种以劳动为主题的教育活动和劳动技能比赛来唤醒学生的劳动情感，塑造学生正确的劳动价值观，提高劳动者的综合素质。

2.建立学生劳动实践训练基地

将工匠精神融入劳动技能教育需建立学生劳动实践培训基地。以校企合作、生产与教育相结合为平台，以现代学徒制培训模式为载体，加强工匠精神的培养，让学生在实训工厂或实习企业中接受进一步的实践教育和体验式教育，真实感受企业的职业文化，感受精湛的工艺、卓越的工匠风格，培养吃苦耐劳、持之以恒的精神，学习工匠精神所需的技术技能。

总之，工匠精神融入劳动教育并不是一蹴而就的教育活动，它的成果也不是一朝一夕就能体现出来的，对于如此漫长却有着深远意义的教育活动，我们只有不断研究和实践，才能将中国工匠精神融入劳动教育，形成一个完整的教育体系，将社会主义核心价值观的培育和实践融入国民教育的全过程。

第四节　学校劳动教育与其他"四育"的关系

一、"五育并举"理念的提出

近代教育家蔡元培先生在《对于新教育之意见》中以人体为喻，提出了"五育"并重、融合发展的思想。他指出："军国民主义者，筋骨也，用以自卫；实利主义者，胃肠也，用以营养；公民道德者，呼吸机循环机也，周贯全体；美育者，神经系也，所以传导；世界观者，心理作用也，附丽于神经系，而无迹象之可求。"它是德智体美劳"五

育"和谐发展的思想,简称"五育并举"。

（1）军国民教育。军国民教育,即体育。蔡元培认为发展体育应顺应人的自身生长发展的规律,应该开展多种多样的体育运动项目,以促进人的身体健康发展,培养人的道德水平,培养竞争团结、合作、奉献的意识,使人懂得集体的利益就是个人的利益。

（2）实利主义教育。实利主义教育,即智育。通过智育,人们掌握先进的科学知识和技术,培养出更多的科学家、工程师、技术员等人才。同时,智育让人们把知识运用到实践当中,结合实际问题,培养人们用所学知识解决问题,使其最大限度地发挥潜力,成人成才。

（3）公民道德教育。公民道德教育,即德育。要"己所不欲勿施于人",以身作则,言传身教,在潜移默化中成为一个道德良好的人。

（4）世界观教育。在于培养人们对现象世界抱超然的态度,对实体世界则抱积极进取的态度。

（5）美感教育。美感教育,即美育。"美育者应用美学之理论于教育,以陶养感情为目的者也。"蔡元培指出,美育具有普遍性,看风景、欣赏诗词文赋、听音乐等都是美育。

党的十九届四中全会重申教育要"培养德智体美劳全面发展的社会主义建设者和接班人";2019年2月中共中央、国务院印发的《中国教育现代化2035》强调"要构建德智体美劳全面培养的教育体系和科学的评价体系",要求更加注重学生的全面发展,大力发展素质教育,促进德育、智育、体育、美育和劳动教育有机融合。我国一直以来习惯于将教育区分为德智体美劳"五育",而在升学主义的导向之下,往往又只重视智育（或分数）而忽略了其他各育,故而在最新的政策口径上特别强调"五育并举"。

二、劳动教育与德育的关系

劳动可以育德。在我国的教育中,一般情况下把劳动教育列入思想品德教育的范畴。学生通过劳动教育培养劳动观点、劳动态度和劳动习惯,把德育落实到行为上。全国解放后,"爱劳动"即被列为国民品德"五爱"之一。从其内容来看,包括了生产劳动、社会公益劳动和自我服务劳动等多方面的教育在内。

在生产劳动中,为了为社会创造财富,实现劳动价值,也将劳动教育渗透到生产过程中去,如加强集体合作、增加社会责任感等,都是生产劳动必要的教育内容。苏联教育家苏霍姆林斯基在《帕夫雷什中学》里非常重视在组织学生劳动活动中进行劳动教育,他认为学生的劳动活动与培养学生的公民精神、劳动态度以及思想和道德、审美态度都是密切相关的。劳动教育的基本任务，就是要使学生为社会创造物质财富和精神财富，并使学生从中得到乐趣和享受。这样，便使教劳结合的思想在学校教育中得以落实。我国的教育也在这样进行着。

在社会公益劳动中，从保护和绿化社会环境到参加公共卫生活动，从美化校园、布置教室到美化周围环境，从照顾孤寡老人到扶持残疾同学，等等，都是学生可以参加的社会公益劳动。这些活动都有助于培养学生为人民服务的品质和不计报酬、无私奉献的共产主义精神。

通过自我服务劳动，学生可以培养生活自理能力。从穿衣叠被到洗洗缝缝，从打扫卫生到家务劳动，从生活自理到帮助他人料理生活等，都可以提高学生的生活适应能力和应变能力，使学生养成劳动习惯。这不但是一般学生提高生活能力所必需的，更是独生子女克服娇生惯养的习惯所不可缺少的措施。

由此可见，劳动教育，对于培养一个"有理想、有道德、有文化、有纪律"的公民是绝对不可少的教育活动。

三、劳动教育与智育的关系

劳动可以启智。人在劳动过程中，在改造自然和改造社会的同时改造了自己，使人从自在的状态变成了自为的状态，不仅创造了物质和精神财富，推动了社会的发展和进步，同时提高了人类自身的价值，发挥了人的主体作用，并使人的身心都得到了发展。学生在学习过程中，通过劳动（包括学习劳动）来实现个体的全面发展。

根据马克思主义综合技术教育的思想，学生在教劳结合中，既学习现代生产的基本原理，又学习使用简单的生产工具，以达到用手与用脑相结合的目的。根据当前科技发展的现状和我国生产和科技发展的实际，结合各科教学和专业课，学生了解一些前沿方面的科技知识和有关现代生产的一些基本原理是必要的。同时学生可以进行生产劳动和课外、校外科技活动，以培养实践能力和发挥创造才能。例如，学生在农业劳动中，使简单的操作变为知识的应用，不但从事一般的耕播，而且把土地测定、培养良种、科学施肥、合理的组织劳动过程等多方面的现代化农业知识的学习和应用也包括在内，以求在劳动过程中增强科技知识和发挥学生的创造才能。

由此可见，在生产劳动中，在教劳结合的思想指导下，学生手脑并用，在劳力上劳心，在劳心的指导下劳力，使所学的知识得到活学活用和综合应用，以提高学习兴趣，增强智慧的发展，这不但对当前的学习有益，而且对日后就业都会有极大的帮助。

四、劳动教育与体育的关系

劳动可以健体。劳动锻炼，自身就有增强学生身心健康、提高身体素质的作用，这已是毋庸赘言的常识。

劳动能促进身体发育和新陈代谢，使人体各个系统协同发展，如促进骨骼和肌肉的发育，促进呼吸系统和循环系统的协调发展；促进学生心理品质的加速发展，如在劳动过程中，在反复思考、反复修正劳动操作的活动中，促进学生智力的发展，特别是观察力与思维力的发展；学生在认真操作和反复练习的过程中，锻炼了意志和毅力，增强了自我控制和自我调整的能力和耐力等。以上这些都是劳动可以健体的重要内容。

五、劳动教育与美育的关系

劳动可以益美。马克思曾经讲过，人是按照美的规律来塑造事物的。塑造的过程正是人的创造活动的体现。所以人的创造性劳动（包括体脑两个方面）不但可以育美，而且可以益美，弘扬美的规律在认识和改造世界中的巨大作用。

美育包括自然美、生活美、艺术美和科学美等多方面的教育在内。下面分别谈谈这几方面的教育，如何在劳动创造中体现出来。

在自然美中，通过劳动改造，使原始状态下的自然景物变为人化的自然，如星罗棋布的田野、育满林木的山冈、高雅的园林、川流不息的江河等，都凝聚着人们的智慧和汗水，体现着人们的理想和希望，是人的本质力量的对象化，因而也更加强了它的教育意义和作用。

在社会生活美中，更加体现着人的本质力量和主体作用。人们在以劳动改造社会的活动中，其中的人物、事迹、希望、理想都是美与善的结合。富有创造性的人类是社会的中坚力量和脊梁，他们的行为和思想是鼓舞人们奋发有为和前进向上的无穷力量。

在艺术的创作中，将自然美和生活美集中和典型地表现出来，它将现实美变为意识形态之美，是经过艺术家加工后的成果，是创造性劳动的产物。它来自现实美，又高于现实美，它使现实美中分散的美得到集中和概括，庞杂的美得到净化和提炼，隐蔽的美得到显现和发扬，因而它具有更大的教育作用。

科学美是科学家通过其创造性的劳动，把审美中的对称、比例、和谐等形式，应用于科学实验之中，以增强科研性的思考和灵感，更深刻地去探索科学的规律，如彭加勒所说的："发明就是选择，选择不可避免地要由科学上的美感所支配。" 杨振宁先生曾经在一次讲演中详细地阐述了对称对某些科学发现所起的启示作用。爱因斯坦更形象地说过：

第一章 劳动教育与工匠精神概述

"我们面对的这个世界,可以由音乐的符号组成,也可以由数学的公式组成。"这些都具体说明了科学对认识世界和提高科学研究的巨大影响,这些作用又都是在科学家的创造性劳动中实现的。

最后,要强调说明一点,劳动教育既是贯彻教劳结合教育方针的重要措施,又对育德、启智、健体和益美有着重要作用。从我国教育的现实情况来看,劳动教育既是加强理论联系实际、培养学生实践能力的重要举措,又是一项解决当前独生子女娇生惯养、缺乏独立生活能力问题的重要工作。

思考与练习

1. 你觉得劳动教育就是简单干农活吗?为什么?劳动教育的内涵是什么?
2. 你认为大中专院校开展劳动教育有什么意义?请举例说明。
3. 你是如何理解工匠精神的内涵的?请举例说明。

活动与训练

讨论:反思劳动教育

一、活动目标

引导学生深刻理解劳动教育的重要意义。

二、活动时间

建议15分钟。

(1)教师出示以下阅读材料,并提问:结合实际谈谈造成以下现象的原因和对策。

来自北京教育科学研究院基础教育科学研究所的报告显示:美国小学生平均每天的劳动时间为1.2小时,韩国0.7小时,法国0.6小时,英国0.5小时,而中国小学生平均每天的劳动时间只有12分钟。针对这种现象,首都青少年劳动教育调研组赴北京市党政机关、教育机构、企事业单位、基层社区实地走访并发放千余份调查问卷,对首都青少年的劳动教育现状进行了摸底调查。据了解,只有不足3成的小学生会整理房间、打扫卫生,很多孩子根本不做或者不会做。调查结论认为,中国孩子现在自理能力缺失,对于劳动的意识也很淡薄。对此,有些家长表示:不是孩子不爱劳动,而是孩子没有时间劳动,也不会劳动。

(2)将学生分成4～6个人的活动小组,通过小组内部讨论形成小组观点。

(3)每个小组选出1名代表陈述本组观点。

(4)教师进行归纳分析,引导学生深刻认识开展劳动教育的重要性。

第二章　劳动与劳动能力的形成

学习目标

1. 理解劳动的内涵。
2. 了解劳动的属性与类型。
3. 了解劳动能力的形成。
4. 理解劳动素养及其评价的方法。

课程引入

劳动创造美好生活

这些日子，陕西省柞水县金米村的村民们忙得不亦乐乎。

2020年4月21日，习近平总书记来到金米村考察脱贫攻坚情况，称赞村民们把小木耳做成了大产业。柞水木耳成了网民追捧的网红产品，购物直播间里十几吨木耳被"秒光"，经营网店的村民赵少康说，村民们昼夜赶工仍然供不应求。

金米村位于秦岭深处，曾经是极度贫困村，这些年，在扶贫政策和扶贫干部的支持和帮扶下，村里建起了培训中心、智能联栋木耳大棚，发展木耳、中药、旅游等产业，村民们用劳动和创造实现了整村脱贫，唱响了大山深处的奋进之歌。

2020年是脱贫攻坚战的决胜之年。金米村的故事是贫困地区人民群众在党和政府的关怀与帮助下，用劳动创造美好生活，打赢脱贫攻坚战的缩影。

想一想

新时代，我们该如何理解劳动的内涵，如何培养自己的劳动素养？

第一节　劳动的概念及内涵

一、劳动的概念

人类历史的产生与劳动的产生是同一个过程，人类的发展史就是一部劳动史。马克思深刻地指出，"整个所谓世界历史不外是人通过人的劳动而诞生的过程，是自然界对人来说的生成过程"。唯物史观揭示了劳动是人类社会产生的基础和前提。劳动把人与动物区别开来，把人从自然界中提升出来。劳动是人类所特有的一种能动的改造世界的实践活动。在劳动的直接推动下，人类经历了从早期猿人到晚期智人的发展过程。劳动促使人类的脑量不断增大优化，使人类体态特征越来越区别于猿而近似于现代人，而且使劳动工具日益改进和多样化，物质生活逐渐丰富起来，人类因此还拥有了独有的精神生活。

劳动是人类改造客观世界和主观世界的基础，劳动创造财富、创造价值。财富的形成是多种要素共同作用的结果，但劳动始终是其中的必要条件，并且是产品价值的唯一来源。离开劳动，人类将失去推动世界发展进程的力量，甚至造成人精神的蜕变，人类的一切梦想将沦为镜花水月。劳动在实现人类社会公平公正的进程中始终扮演着重要角色，发挥着举足轻重的作用。公平对待劳动、共享劳动成果、实现体面劳动，是实现人的自由全面发展的前提。

劳动是人类所特有的为满足自身的物质和精神需要，有目的地调整和控制人和自然界之间的物质变换过程的一种改变自然物的社会实践活动。恩格斯在《劳动在从猿到人转变过程中的作用》一文中指出：从一定意义上说，"劳动创造了人本身"。所谓劳动是指人们运用一定的生产工具，作用于劳动对象，创造物质财富和精神财富的有目的的活动。劳动是人类社会存在和发展最基本的条件，劳动在人类形成过程中起到了决定性的作用。

二、劳动概念的内涵和外延

进入21世纪以后，随着劳动时代内涵的不断丰富，劳动的外延也在不断拓展。劳动的内涵就是它所含本质属性的总和，而其外延是适合"劳动"的某些对象的范围及性质。理解劳动的内涵和外延，有助于进一步了解"劳动"这一概念。

（一）劳动的内涵

我国宪法明文规定"公民有劳动的权利和义务"。这要求每个有劳动能力的人都要将劳动看成是自己的光荣职责和神圣使命，必须以主人翁的态度对待劳动。

一般来说，劳动可分为脑力劳动和体力劳动两大类。劳动的成果是创造的物质财富和精神财富，所以，体力劳动与脑力劳动统一在人的生产实践过程中，两者相互渗透，并没有完全的分割界限。

劳动精神作为一种意识活动，会反作用于劳动实践过程。一方面，劳动精神会激发人们投身劳动的热情；另一方面，在劳动精神的作用下，人们将克服劳动中的困难，培养不怕辛苦、敢为人先的毅力和品质。

（二）劳动的外延

劳动的外延是人类实践活动的一种特殊形式，多指创造物质财富和精神财富的活动。

"实践"一词也可指"劳动"。实践是指人能主动地改造客观世界的物质活动，是人所特有的对象性活动。人的实践活动具有自主性，人通过实践不但能够认识客观规律，而且能够利用客观规律，使客观规律为人所用。在《中国大百科全书（哲学卷）》中，劳动被定义为"人类特有的基本的社会实践活动，也是人类通过有目的的活动改造自然对象并在这一活动中改造人自身的过程"。

当今的知识经济时代与马克思所处的时代相比，劳动无论在内容和结构形式上都发生了重大变化，劳动的各个对象的性质也相应地扩展和改变。

1.劳动形式的单一性和多样性

劳动不是固定不变的，而是一个充满丰富内容的可变活动，它随着社会生活实践的发展而不断丰富。随着科学技术水平的提高，物质产品不再能完全满足社会需求，部分社会需求必须通过有形或无形的精神产品及其服务来满足。

2.劳动范围的区域性和全球性

随着经济全球化的发展，劳动已超出传统意义上一个企业、行业甚至一个社会、国家的范围，而具有世界意义。无论是劳动的创造还是劳动价值的实现，都因时代发展而具有全球性。生产一件商品的劳动是否为社会所需要，是否能创造并实现其价值，不再仅仅由一国市场决定，而是越来越多地由世界市场来决定。

3.劳动要素的整体性和分离性

劳动是一种现实性的活动，只有将各种要素在劳动过程中统一起来，才会有整体的劳动过程。

在知识经济条件下，劳动不再等同于一般劳动，知识劳动成为重要的劳动形式并影响整个劳动过程。它更多地表现为掌握了现代科技和劳动技能的劳动者利用现代化的设备和技术体系，与劳动对象发生作用。知识经济条件下的劳动，劳动的主体和客体及工具出现了一定程度的分离，使创造财富的劳动过程变得有序而简化。但是需要注意的是，分离没有也不可能否定劳动的整体性，而是更加突出劳动的整体性，是劳动整体性与分离性的统一。把握劳动要素的整体性与分离性的统一，为认识和把握劳动与劳动结果的科学内涵奠定了理论基础。

4.劳动本质具有稳定性和发展性

"劳动是改造客观世界、引起物质变换的对象性活动，任何劳动都会产生一定的劳动结果；劳动是人类的本质活动，离开劳动，人类就不能生存与发展；劳动创造世界，劳动创造人本身。"对劳动的这些基本认识表明，劳动的本质具有稳定性，但在不同的经济时代和资源条件下，人类劳动的内涵和外延都会随之发生重大变化。在知识经济条件下，人类认识自然、改造自然的能力不断提高，科学技术发展迅速，赋予劳动本质以新的内涵，劳动的内容更加丰富多彩，形式也越来越富于变化，劳动者的流动性增强，体力支出减少，智力支出则越来越多，劳动的世界性将把人类联结为一体，生产率也越来越高，高效率人才的重要性越来越突出，对人才的争夺也越演越烈。当然，劳动仍然是人们谋生的重要手段，但其也渐渐发展成人们生活的第一需要。

案例

梦桃精神穿越时空——记"三秦楷模"

岁月峥嵘，总有一种精神熠熠生辉；时光荏苒，总有一种信念生生不息。

党的好女儿赵梦桃离开我们已经57年了，咸阳纺织业也经历了翻天覆地的变化，而"高标准、严要求、行动快、工作实、抢困难、送方便"的梦桃精神一直激励着无数一线工作者砥砺前行。

赵梦桃是原西北国棉一厂细纱车间的一名普通工人，在进厂的11年里，她曾42次被评为劳动模范、三八红旗手，连续7年每月全面完成生产计划，并帮助13名工人成长为工厂和车间的先进生产者。她创造的一套先进的"巡回清洁检查操作法"在陕西省全面推广。

时代变迁，赵梦桃小组的精神接力依然不辍。这背后是一代代组员长期的付出。

"进赵梦桃小组之前，总觉得能进小组很光荣；进入小组之后才知道，赵梦桃小组不仅意味着荣耀，更意味着要比别人吃更多的苦、受更多的累。"赵梦桃小组第11任组长刘小萍深有体会地说。2003年，为了满足市场需求，企业技改频繁，一批高、密、细、薄织物成为主要生产品种。赵梦桃小组试纺135高支纱时，现有的摇车方法落纱时造成的断头率达90%以上，白花增多，产量下降，小组的生产管理和生产计划受到很大影响。而用同样的摇车方法落45支纱时，断头率仅有5%。经过反复试验、分析、总结，赵梦桃小组创新性地推出"高支纱落纱方法"，使60支以上的高难品种落纱断头率由50%下降到10%。新操作法在60支以上的高难品种上推广后大大提高了质量和效率，提高了产品的市场竞争力。

赵梦桃小组第9任组长徐保凤至今难忘她刚进厂时的情景。当时，她练技术很不适应，便觉得委屈、辛苦。周围35℃左右的潮湿热气、不绝于耳的机器轰鸣声，还有直钻耳鼻的飞絮，感受可想而知。她的手也被纱线划破了，钻心般的疼。种种困难让徐保凤常常半夜躲在被子里哭。她曾经想过放弃，但小组"大家庭"般的温暖让她最终留了下来。时光飞逝，光阴如梭。"赵梦桃小组"命名以来，已经走过了57个春秋，先后经历了13任新老组员的不懈征战。

2019年11月，习近平总书记对赵梦桃小组亲切勉励："希望大家继续以赵梦桃同志为榜样，在工作上勇于创新、甘于奉献、精益求精，争做新时代的最美奋斗者，把梦桃精神一代一代传下去。"

"习近平总书记给我们的亲切勉励让我们感到格外振奋，这是对赵梦桃小组每个组员最大的精神鼓舞。作为新时代的纺织青年、梦桃精神的传人，我们一定不负众望，将梦桃精神继续传承好、发扬好，在平凡的岗位上做出不平凡的业绩。"赵梦桃小组现任组长何菲坚定地表示。

在喧嚣嘈杂的织机飞转轰鸣声中，在无穷无尽的纱海布浪里，吴桂贤、王西京、翟福兰、王广玲、张亚莉、韩玉梅、刘育玲、徐保凤、周惠芝、刘小萍、王晓荣、何菲，一代代梦桃传人始终将提高产品质量和挖掘生产潜力作为奋斗的方向，做表率、当先锋，带领小组成员一棒接着一棒跑，用热血和汗水谱写了感天动地的奋斗者之歌。

三、劳动与人类的关系

马克思在《1844年经济学哲学手稿》中指出："正是在改造对象世界中，人才真正地证明自己是类存在物。这种生产是人的能动的类生活。通过这种生产，自然界才表现为他的作品和他的现实。因此，劳动的对象是人类生活的对象化：人不仅像在意识中那样在精神上使自己二重化，而且能动地、现实地使自己二重化，从而在他所创造的世界中直观自身。"正是劳动彻底将人与猿区别开来。恩格斯在《劳动在从猿到人转变中的作用》中指出："其实，劳动和自然界一起才是一切财富的源泉，自然界为劳动提供材料，劳动把材料变为财富。但是劳动的作用还远不止于此。劳动是整个人类生活的第一个基本条件，而且达到这样的程度，以致我们在某种意义上不得不说：劳动创造了人本身。"所以，劳动是人类赖以生存、发展的决定力量。

四、劳动与社会发展的关系

马克思在《德意志意识形态》中指出："我们首先应当确定一切人类生存的第一个前提，也就是一切历史的第一个前提，这个前提是人们为了能够创造历史，必须能够生活。但是为了生活，首先就需要吃喝住穿以及其他一些东西。因此第一个历史活动就是生产满足这些需要的资料，即生产物质生活本身，而且，这是人们从几千年前直到今天单是为了能够生活就必须每日每时从事的历史活动，是一切历史的基本条件。"在马克思看来，劳动是"一切历史的基本条件"，有了人类的劳动，有了满足人类生存必需的前提，才产生了生活和历史。

第二节 劳动的属性与类型

一、劳动的属性

（一）人类专属性

从表面上看，劳动作为一种活动，是对自身生活有用的自然物质的占有，这好像与自然界的动物的活动没有什么区别，如蜘蛛通过织网来捕食猎物，蜜蜂通过建筑蜂房而储存蜂蜜，燕子通过衔草筑巢来繁殖后代。然而，动物的这些活动不能称之为劳动，因为它是一种动物生存的本能。人的劳动和动物的本能活动最不同的地方在于人的劳动是由自觉意识支配的、能动的和具有一定目的的活动。

（二）自觉意识和能动性

马克思指出："蜘蛛的活动与织工的活动相似，蜜蜂建筑蜂房的本领使人间的许多建筑师感到惭愧。但是，最蹩脚的建筑师从一开始就比最灵巧的蜜蜂高明的地方，是他在用蜂蜡建筑蜂房以前，已经在自己的头脑中把它建成了。"人类在劳动时不仅知道为什么去做，怎样去做，而且知道将会做成怎样，这些就是人类劳动和动物本能活动之间的本质区别。劳动具有自觉意识和能动性，是有目的的活动。

（三）劳动的创造性

有自觉意识和能动性的活动并不都是劳动。因为人是有意识和思想的，人的一切活动都受意识的支配，如旅游、跳舞、吃饭，虽然也具有目的性，但就不能称为之劳动。在人的活动中，只有那些能够创造出物质财富和精神财富的创造性活动，才能称之为劳动。而前面所说的那些消费性活动，则不能称为劳动。

二、深刻理解劳动的属性

（一）劳动是一个付出的过程

劳动是一个付出的过程，其通常表现是劳动者为他人办事，从中可能会有物质或精神的回报。但这些回报不应是劳动付出的前提，而只是一种激励。有时，劳动所服务的对象是劳动者本人，这也是俗称的"自己的事情自己做"。对于青年学生来说，理解"劳动是一个付出过程"是重要的。因为，大多数青年学生在童年少年时期一直沉浸在大人们为其"单向付出"的环境中，缺少付出的亲历与体会；或是在付出与回报的讨论中，被"少劳多得"的择业取向所影响，重视回报而吝啬付出。对于当事人来说，劳动的意愿与体会是多样的，劳动教育的成果常常反映为青年学生劳动时乐于付出、甘于付出或是被迫付出的体验与态度。

（二）劳动是一个实践的过程

人的学习方式有很多，如听中学、看中学、讨论中学、实践中学……一个健全的人，往往具备多种学习方式，并经历着多样的学习过程。但是，在当前的学校教育中，前两种学习方式仍是绝对的多数，后两种学习方式虽已逐渐受到重视，但总体还是比较缺乏。劳动必然是在实践中学习的活动。劳动教育将是弥补基础教育中实践学习相对薄弱的重要环节。劳动的实践性决定了劳动教育的两种学习机制：一是操作性学习，二是体验性学习。劳动是人们亲历亲为的动手实践过程，因而劳动技能是劳动教育的当然目标。劳动又是对青少年生活态度的影响过程，促使青少年形成积极、负责、务实等良好品质。

（三）劳动是面向真实问题的探索活动

劳动的情境必然是真实的，劳动者所面对的是真实情境的任务。它将考验劳动者理解任务要求、综合运用个人所学知识和技能、探索解决问题的能力。尽管劳动有简单劳动与复杂劳动之分，但劳动过程都不同程度地包含综合学习的成分，需要劳动者秉持学以致用的精神探索与学习。虽然人们常将劳动分为体力劳动与脑力劳动，但在现代社会中，纯粹的体力劳动与脑力劳动未必是劳动的主要成分，体力劳动与脑力劳动兼而有之的复合劳动可能是主流。所以，对于劳动的理解应与时俱进，劳动智慧也成为新时代劳动教育的目标之一。

（四）劳动是促使个体社会性发展的活动

社会性发展就是人的社会属性系统的不断完善和社会参与能力的逐步提高。劳动正是促使个体理解社会、参与社会的重要的社会化过程。也正是这一特性使得人们在过去一段时间里，将劳动教育视为德育的一部分。无论从道德品质、价值观念、行为习惯等个体品德修养的形成看，还是从社会责任、合作交往、自我调节等社会性发展看，劳动都是一条重要路径。由于以往劳动教育更多地以"劳动与技术"的形式出现在基础教育课程中，因而，劳动教育的社会性价值常被有意无意地忽视了。这也是当前加强劳动教育的意义所在。

三、劳动的类型

劳动按照复杂程度可分为简单劳动和复杂劳动两大类。简单劳动是在一定的社会条件下不需要经过特别的专门训练，每个普通劳动者都能从事的劳动；而复杂劳动是需要经过专门学习和训练，从而在技术上比简单劳动复杂的劳动，它等于强化了的简单劳动。

根据劳动所依靠的主要运动器官的不同，可以将劳动划分为体力劳动、脑力劳动、生理力劳动。体力劳动是指以人体肌肉与骨骼的劳动为主，以大脑和其他生理系统的劳动为辅的人类劳动；脑力劳动是指以大脑神经系统的劳动为主，以其他生理系统的劳动为辅的人类劳动；生理力劳动是指除体力劳动和脑力劳动之外的其他形式的人类劳动。

一般的人类劳动由脑力劳动、体力劳动与生理力劳动按照不同的比例关系组合而成。通常意义上的脑力劳动是指脑力劳动占主要比例的复合劳动，体力劳动是指体力劳动占主要比例的复合劳动，生理力劳动是指生理力劳动占主要比例的复合劳动。在现实劳动中，既没有单纯的脑力劳动，也没有单纯的体力劳动。任何劳动都是脑力劳动与体力劳动的结合。马克思曾说过："单个人如果不在自己的头脑的支配下使自己的肌肉活动起来，就不能对自然发生作用。"一般性的体力劳动同样不能离开脑力与智力的活动。

不过，在从阶级产生以来的社会里，从事物质产品生产的多为被统治者，即被剥削阶级，而从事精神产品生产的，多为统治者或剥削阶级。根据马克思的思想，当社会生产力极大发展，社会物质产品极大丰富，人们从事必要劳动的时间大大缩短，有了大量的闲暇时间时，人们就可以自由选择自己喜欢的劳动了。这些劳动既可以是从事物质产品的生产，也可以是从事精神产品的生产。也就是说，这两种产品的生产不再像过去那样，只由某些特定的群体来进行，而是每个人都能做出自由的选择。现代化的生产方式将要求人们的劳动普遍地具有工程技术人员的水平，并通晓整个生产系统。因而在大力发展文化教育事业和提高群众科学技术水平的基础上，逐步消除脑力劳动和体力劳动的差别就成了历史的必然。脑力劳动和体力劳动之间本质差别的消除，不能通过将脑力劳动者的文化降低到体力劳动者的水平来实现，而只能是通过将体力劳动者的文化提高到脑力劳动者的水平来实现。

四、劳动的作用

（一）劳动创造了人类

人既是自然界进化发展的产物，又是社会劳动的产物。早在100多年前，达尔文的进化论就从生物学方面解答了人类起源的问题，得出了"人是由古猿进化而来的"的科学结论。但是，从猿向人的转化又不是一个纯粹生物进化的过程。古猿在体质形态和群体结构上的变化，只是为人和人类社会的产生提供了自然前提。而人和人类社会产生的内在机制和现实基础则是社会的生产劳动。恩格斯说："首先是劳动，其次是语言和劳动一起，成为猿人发展的主要推动力，猿的脑髓逐渐变成了人的脑髓。"他认为，手的使用和语言思维的产生都是在生产劳动过程中形成和发展的，正是由于劳动人才得以从动物界中分化出来，所以说劳动创造了人本身。唯有劳动才能使人生存和发展，才能使人成为真正意义上的人。劳动是人类赖以生存、发展的决定力量。劳动创造智慧，智慧创造生产工具。人类发明制造劳动工具让劳动创造更多的价值。

（二）劳动开发了思维

人类的思维活动离不开实践活动，而智力的核心是思维能力。实践活动既有学习活动，又有创造活动，而劳动正是兼有学习与创造这两个功能。例如，劳动往往会使我们遇到课堂上、书本里没有的问题，这就会激起大脑思维的需要，我们就要对劳动的结果有所预想，就要设计达到目的的过程。当我们克服了劳动中的困难，解决了劳动中的问题，看到了自己的劳动成果时，就会获得成功的喜悦，这将进一步激发我们的求知欲，提升学习兴趣，促进智力发展。"人生两个宝，双手与大脑。"我国著名教育家陶行知先生的《手脑相长歌》用儿歌形式说明了劳动中会"学"又要会"做"，激发出创造性思维的道理。

（三）劳动培养了吃苦耐劳精神

中华民族是一个具有吃苦耐劳精神的民族，吃苦耐劳精神是中华民族的光荣传统。劳动不仅是一种生活体验，也是锻炼我们动手能力、社会实践能力的重要途径，更是培养我们尊重劳动、勤俭节约、劳动光荣等价值观的重要方式。虽然现在大中专院校学生就业不难，可是最让学校教师和企业头疼的是有相当多的大中专院校毕业生在企业里干不了几天，就辞职走人了。他们受不了一点苦，没有坚定的意志，缺乏吃苦耐劳的精神。因此，学生在学校时就应该多参与一些力所能及的劳动，在活动中要勇于自我挑战，使自己敢于吃苦，乐于吃苦，从而培养吃苦耐劳的劳动精神。

（四）劳动培养责任意识

劳动是衡量一个人综合素质的最好形式，通过劳动教育，人的道德、知识、能力、素质可以得到全面、综合的提升和展示。劳动教育有助于提高学生独立自主的生活能力，有助于增强他们的公民意识和社会责任感。国内外大量的调查研究证明，从小养成劳动习惯，长大后更可能具有责任心，也更容易适应家庭生活和职场工作，而不爱劳动的人恰恰相反，他们更可能成为生活与职场的失败者。

（五）劳动是个人和家庭幸福的源泉

幸福是个人由于理想的实现或接近而引起的一种内心满足。追求幸福是人们的普遍愿望。幸福不仅包括物质生活，也包括精神生活；幸福不仅在于享受，还在于劳动和创造。科学技术日新月异的未来社会要求我们必须具备多方面、多层次的劳动能力和勤奋工作的态度。我们不论将来从事什么工作，都需要有动手的技能，这与知识的掌握既有联系又有区别。如果我们在成长过程中就珍惜动手的机会，有意识地培养训练自己的动手能力来解决自己生活中的问题，久而久之，就会使自己形成动手动脑的好习惯，在未来社会中便能很好地适应生活和工作。正如习近平总书记指出的，劳动是财富的源泉，也是幸福的源泉。

五、劳动的指标

劳动的指标是用劳动单位计量的总量指标，劳动单位是用一定时间内完成的一定工作量或用一个劳动力工作一定时间做计量单位的。劳动的指标也具有一定的综合能力。总量指标按计量单位的不同，分为实物指标、价值指标和劳动指标三种，如出勤工时、实际工时、定额工时等。

劳动时间、劳动总产量、劳动生产率、劳动总价值等常用作统计和比较的指标。

劳动时间是指在一定日历时间一定区域内，生产某种产品总的工作时间，这是衡量劳动的数量指标。

总产量是指在一定日历时间一定区域内，生产某种产品的总数量，这是衡量劳动成果的数量指标。

社会必要劳动时间是指在一定日历时间一定区域内，单位产量劳动时间，这是衡量劳动效率的质量指标。社会必要劳动时间与劳动效率负相关。

劳动生产率是指在一定日历时间一定区域内，单位劳动时间产量，这是衡量劳动效率的质量指标。劳动生产率与劳动效率正相关。

总价值是指在一定日历时间一定区域内，生产某种产品的总数量对应的货币的数量。这是衡量劳动成果的价值指标。

单位价值是指在一定日历时间一定区域内，单位产量产品的价值，这是衡量劳动成果的质量指标。

企业在运营管理过程中会制定比较完善的劳动评价指标体系，对劳动者的效率和质量进行衡量，判断劳动者创造的价值是多少，以此作为制定劳动报酬的依据。

第三节　劳动能力及其形成

一、劳动能力的概念

劳动能力是人进行生产活动的能力，包括体力和脑力两个方面，是体力和脑力的总和；是劳动者以自己的行为依法行使劳动权利和履行劳动义务的能力，即法律上所指的劳动行为能力。劳动行为能力丧失者意味着劳动者不再具有劳动的能力。

二、劳动能力的分类

劳动能力分为一般性劳动能力、职业性劳动能力和专门的劳动能力三种：

（1）一般性劳动能力，多指日常所需的劳动能力，包括为自己服务的穿衣、吃饭等和为他人服务的简单体力及脑力劳动。

（2）职业性劳动能力，是指经过专业训练，具备专门知识的劳动能力（如工程师、教师等的劳动）。

（3）有些职业的专长性很强（如歌唱家、钢琴师等），又称为专门的劳动能力。

三、劳动能力的鉴定

劳动能力鉴定是通过对一个人从事体力工作的能力的鉴定，确定其劳动能力丧失的程度。劳动能力的丧失可分为：①部分丧失劳动能力。这种人虽然因伤、病导致身体衰弱、器官功能障碍或肢体残废，但仍能从事一些轻微或力所能及的工作。②完全丧失劳动能力。这种人因伤、病已经不能从事任何强度的工作，甚至连日常生活都需要他人照顾。劳动能力鉴定是一项复杂而困难的工作，涉及医学、伦理学等有关的知识，并依照国家的有关政策性规定，是在明确的鉴定标准的基础上，综合分析被鉴定人的病情后做出的。

四、劳动能力的形成

劳动能力主要是指个体能够在劳动实践活动中，通过自己的劳动行为充分发挥自身的操作技能、实践能力和创新能力，做到自我培养和自我判断，有能力组织和实现个人任务或是集体任务，是大中专院校学生劳动素养全面提升的必备基础。应该说，大中专院校各专业知识的学习本身就是一种劳动知识学习，大中专院校学生的专业实习、毕业实习也都明确被列入教学计划的劳动技能训练中，这正是大中专院校劳动教育区别于中小学劳动教育的重要一维，必须抓紧抓好，为建设宏大的知识型、技术型、创新型劳动大军奠定基础。劳动者素质对一个国家、一个民族的发展至关重要。劳动者的知识和才能积累越多，其创造能力就越强。

（一）劳动技能

劳动技能是个体从事一定劳动所必须具备的知识、技术、技巧及综合运用这些知识、技术、技巧的能力。劳动技能包括一般劳动技能和专门劳动技能。一般劳动技能是劳动者从事一般工作的能力，是劳动技能的基础；专门劳动技能是劳动者的独特能力，是创造财富的核心能力。劳动技能可分为个体劳动技能和组织劳动技能。个体劳动技能是组织劳动技能的基础；组织劳动技能是个体劳动技能的有机整合。一般来说，组织的结构体系越科学，劳动力配置与激励越合理，组织变革越及时，则组织的劳动技能越强。劳动技能按照其状态可以划分为显现的劳动技能和潜在的劳动技能。显现的劳动技能是已经发挥出来的劳动技能，潜在的劳动技能是尚未发挥出来的劳动技能。潜在的劳动技能是显现劳动技能的基础，潜在的劳动技能越大，能够发挥出的显现的劳动技能才可能越多，发挥的质量才可能越高；反之，显现的劳动技能发挥得越多、越充分，又能够有效地促进潜在劳动技能的提升。劳动技能的形成与发挥受许多因素的影响，一方面既包括个体的因素，也包括组织的因素；另一方面既包括组织内部的因素，也包括组织外部的环境因素。

（二）实践能力

实践能力是指学生参与校内外的劳动实践活动，获得实践体验，如在卫生清洁、内务管理、勤工助学、志愿服务、创新创业、专业实践等活动中表现出来的能力。劳动实践活动是开展劳动教育的一条重要途径，学生将学到的劳动知识运用到社会实践中，学会与生活密切联系，这样有助于学生拓展学习领域，还可以进一步地发展他们的兴趣和爱好，为其提供更多选择，并且有利于学生在社会实践中整合知识，发挥实践能力。

（三）创新能力

创新能力是指学生善于发挥自身的创新意识和探究意识的能力。通过劳动发展学生的实践能力和创新能力，也是苏霍姆林斯基非常鼓励的一种劳动教育方式。他希望学生能够在不断劳动的过程中加入新的东西，使其拥有热情和兴趣，保持创造的欲望，真正发挥劳动的作用；带来兴趣，促进学生全面发展，增强其克服困难的意志。勇于创新是劳动素养的新时代特征，因此，创新能力是劳动能力的关键因素。

拓展阅读

新时代北斗精神

人类梦想追逐到哪里，就希望时空定位到哪里；人类脚步迈进到哪里，就希望导航指引到哪里。2020年7月31日，源自中国的北斗系统迈入为全球定位、导航的新阶段。在这个重要时刻，习近平总书记提出要传承好、弘扬好新时代北斗精神。在中国智慧、中国坐标背后，蕴含着什么样的中国精神呢？

2020年7月31日上午，北斗三号全球卫星导航系统建成暨开通仪式在北京人民大会堂举行。

深邃的夜空，斗转星移。北斗星，自古为中华民族定方向、辨四季、定时辰。我国全球卫星导航系统以"北斗"命名，恰如其分。昔有指南之针，今有北斗导航，这是中国智慧遥隔时空的接力。从2000年10月第一颗北斗一号实验卫星成功发射，到2020年6月23日北斗三号最后一颗全球组网卫星完成部署，20年来，44次发射，中国先后将4颗北斗实验卫星，55颗北斗二号、三号组网卫星送入太空，完成全球组网，为世界贡献全球卫星导航的"中国方案"。

北斗三号

国之大器，利国惠民。火神山、雷神山医院的修建，是北斗为复杂地形地貌实现了高精度定位、精确标绘。2020年5月，中国登山健儿再登珠穆朗玛峰峰顶，同样以北斗数据为主。北斗的创新应用还体现在工业互联网、物联网、车联网等新兴领域上。2035年前，北斗还将建设完善更加泛在、更加融合、更加智能的综合时空体系。

2020年4月24日"中国航天日"前夕，孙家栋等11位参与"东方红一号"任务的老科学家给习近平总书记写信，表达实现中国梦、航天梦的信心。他们很快收到了习近平总书记的回信。信中说："你们青春年华投身祖国航天事业，耄耋之年仍心系祖国航天未来，让我深受感动。"

孙家栋是"两弹一星"元勋、"东方红一号"卫星总体设计工作负责人，后来又带领团队完成了我国北斗一号、北斗二号建设任务以及北斗三号立项和论证。孙家栋院士还是绕月探测工程技术总负责人。2015年，杨长风接替孙家栋院士担任北斗卫星导航系统总设计师，带领团队继续为航天梦奋斗。2019年9月，孙家栋荣获国家最高荣誉勋章——"共和国勋章"。2020年7月31日，91岁的孙家栋院士坐着轮椅来到人民大会堂。这是一年之后他和总书记在人民大会堂的再次见面。

仰望星空、北斗璀璨，脚踏实地、行稳致远。中共中央、国务院、中央军委的贺电指出，北斗三号全球卫星导航系统的建成开通，凝结着一代又一代航天人接续奋斗的心血，饱含着中华民族自强不息的本色。在参观北斗系统建设发展成果展览展示时，习近平总书记强调，26年来，参与北斗系统研制建设的全体人员迎难而上、敢打硬仗、接续奋斗，发扬"两弹一星"精神，培育了新时代北斗精神，要传承好、弘扬好。

当天中共中央、国务院、中央军委的贺电指出，要大力弘扬"自主创新、开放融合、万众一心、追求卓越"的新时代北斗精神。

第四节　劳动素养及其评价

一、劳动素养

（一）劳动素养的概念

素养，是人在特定情境中综合运用知识、技能和态度解决问题的高级能力与人性能力。2016年9月，由教育部委托北京师范大学完成的《中国学生发展核心素养》研究成果在北京发布，这项历时三年权威出炉的研究成果对学生发展核心素养的内涵、表现、落实途径等做了详细阐释，将中国学生核心素养分为文化基础、自主发展、社会参与三个方面，提出了人文底蕴、科学精神、学会学习、健康生活、责任担当、实践创新六大核心素养和十八个基本要点。

该研究在最后"实践创新核心素养"部分指出，"劳动意识的重点是：尊重劳动，具有积极的劳动态度和良好的劳动习惯；具有动手操作能力，掌握一定的劳动技能；在主动参加家务劳动、生产劳动、公益活动和社会实践中，具有改进和创新劳动方式，提高劳动效率的意识；具有通过诚实合法劳动创造成功生活的意识和行为等"。

综上，劳动素养是指劳动者在劳动过程中与之相匹配的劳动心态和劳动技能的综合概括，是处于社会实践活动中的实践主体在掌握一定知识储备和劳动技能的基础上开展实践活动，特别是劳动实践中所展现的优良品质的集合，包括劳动意识、劳动精神、劳动能力、知识储备和创新精神等方面。它是衡量劳动者能否完成某项对应性工作的最根本、最直接的工作能力指标。劳动者的劳动不是简单的机械制造或再造，而是有生命、有理想的劳动者个体按劳动计划而展开的创造性工作。劳动素养中的劳动心态包括对待工作的态度、帮助客户的心态、对客户心智的解读、对客户需求的认知等。劳动技能是在解决工作问题及矛盾的过程中，由劳动者支配、运用的劳动工具和方法，并由此而产生最终达到预定劳动成果的专业技能。

（二）劳动素养的特征

劳动素养涵盖劳动知识与技能、劳动认识与意识、劳动态度与精神以及创新创造等各个方面。因此，劳动素养综合了个体的劳动品质与修养，是一种高层次的价值引导与追求，来源于劳动又不止于劳动，是真正能够融入人之内心的品质信仰。

1.正确的价值导向性

"要在学生中弘扬劳动精神，教育引导学生崇尚劳动、尊重劳动，懂得劳动最光荣、劳动最崇高、劳动最伟大、劳动最美丽的道理，长大后能够辛勤劳动、诚实劳动、创造性劳动。""素养"本身是一个描述性词语，其自身具有规范与价值引导性，具有价值评判的积极性与正面性。劳动素养具有正确的价值导向性，一方面是指其自身所蕴含的积极、正面的引导；另一方面是指其能够为人们提供一种价值观导向，从而引导人们树立、培养并提升自己的劳动素养，进而成长为一个具有较高综合素养的人。因此，劳动素养具有正确的价值导向性是其本质特征的体现。

2.明确的实践指向性

"素养"不同于"素质"，"素质"侧重于人先天所具有的特点或事物本身所具有的性质，"素养"则突出强调人因后天接受教育培养而形成的人格品质。因此，"素养"是与后天学习和实践紧密相连的。具体到劳动素养，特指在实践生活与教育活动中所形成的与劳动相关联的人的日常修养及表现，主要包含劳动知识技能、劳动价值观、劳动态度精神等，最终全部指向实践行为活动。劳动素养的实践指向性主要表现在两个方面：一是劳动自身所具有的社会性与互动性，即劳动总是体现为个体从事某种社会活动的行为，其行为不可能是孤立或脱离自然与社会的；二是劳动素养教育、培育离不开实践活动，也就是说，劳动素养不是仅仅通过理论知识学习就可以习得的，而是必须融入广泛的社会实践活动，在学中做、在做中学，从而不断提升自身的修养品质。综合以上两点，劳动素养具有明确的实践指向性，这也是其所具有的核心特点。

3.积极的创新传承性

劳动并非一成不变或始终简单的重复，劳动既具有传承性，也具有创新性。前者是指劳动的不变性，后者是指劳动的变化性。劳动的不变在于劳动的本质属性不会变，劳动的对象知识不会变，劳动的品质精神不会变；劳动的变化则在于劳动的外在属性之变化，劳动的内容在不断丰富，劳动的技能在不断提高，劳动的认识在不断变化，劳动的精神品质在不断拓展。在此基础上，劳动素养随之具有积极的传承性与创新性，随着社会的不断进步与发展，随着科学技术水平的不断创新与发展，劳动素养所具有的精神品质内涵在不断丰富。

（三）劳动素养教育之重要意义与价值

1.劳动素养之于立德树人教育之价值意义

"人世间的一切幸福都需要靠辛勤的劳动来创造"。成人成才不仅需要学习知识和增长智慧，更需要树立正确的劳动价值观，培养深厚的劳动情怀。成才之前提是成人，成为一个德才兼备、全面发展的社会主义建设者和接班人。劳动素质培养离不开教育，劳动教育应贯穿、渗透学校教育之始终，也可以说，"离开劳动，不可能有真正的教育"，劳动素养与教育密不可分。劳动是培养人、塑造人的道德品质、素质素养的根本途径，也是最重要、最关键的方式手段；劳动素养是每个人应具备的基本素养，也是人之为人所应具备的最基础要素。"劳动是一种极为复杂的现象，它可以揭示人的思想、情感、智力、美感、心理状态、创造精神，揭示教育和自我教育的意义。"人生育人，而劳动则把人造就成真正的人。因此，劳动教育不会是孤立存在的，劳动素养的塑造与提升也不会是孤立存在的。劳动素养与人的综合素质素养培育密切相关，劳动教育也与德育、智育、体育、美育相互交织，由此促进人的全面发展。

2.劳动素养是人之全面素养的重要组成部分

劳动教育在全面教育体系中应具有突出的重要地位，它自身的实践性与独特性决定了其应具有德育、智育、体育、美育之精华，通过劳动教育之载体，以德育中塑造的世界观、人生观、价值观为指引，以体育中练就的坚强体魄、顽强意志力为基础，由此充分发挥与施展个体在智育中所学习掌握的专业技能，进而呈现美育熏陶之下的劳动成果，使每一个个体能够在学习与实践活动中尽情地发挥其所长，能够自食其力获得幸福生活，深刻感悟并体会劳动给予人的尊严与价值，这也是劳动素养之于人之全面发展的重要意义。将劳动教育与德育、智育、体育、美育紧密结合，既是对劳动教育本身的重视与加强，也是开展德智体美教育的有力支撑，因此，劳动素养及其培育成为人的全面发展与素质提升不可缺少的重要部分。

3.劳动素养是社会主义现代化强国建设的坚实保障

习近平总书记指出："全面建成小康社会，进而建成富强民主文明和谐的社会主义现代化国家，根本上靠劳动、靠劳动者创造"。劳动素养不仅是劳动者自我人生价值的重要体现，也体现为劳动者对社会发展的物质财富和精神财富的无限创造，这是劳动及劳动素养之重要社会意义。建设社会主义现代化强国是中国共产党人新时代的历史使命，崇尚劳动，尊重劳动者，充分发挥劳动者主力军作用，这是实现强国使命的重要保证。我国人民通过辛勤的劳动不仅创造了社会主义现代化强国的物质文明，更体现了现代化强国强大的精神文明建设；劳动不仅改变着人们的生产方式和生活方式，还带来了科学技术、文化艺术等各方面的繁荣发展，同时提升了人自身的劳动素养与综合素质及能力，更是促进了人与自然、人与社会、人与人之关系以及整个社会的和谐全面发展。

4.劳动素养是实现中华民族伟大复兴中国梦的价值要求

今天的中华民族比历史上任何时候都更加接近实现中华民族伟大复兴中国梦的目标，实现伟大目标的关键在于中国人民，更进一步说，实现梦想依靠的是人民群众的创造与奋斗，是人民群众辛勤的劳动与才智技能。"空谈误国，实干兴邦，实干首先就要脚踏实地劳动。"综合国力的竞争说到底是人才的竞争，是劳动者综合素质与综合能力的竞争，"越来越取决于国民素质特别是广大劳动者素质"，即劳动素养。与此同时，中华民族伟大复兴的中国梦既是国家的梦、民族的梦，也是我们每一位中华儿女的梦，是每一位劳动者、奋斗者的梦，个人的梦想只有融入国家民族的梦想才能更加有利于梦想的实现，劳动正是将个人梦想与国家民族梦想联系起来的纽带与桥梁。由此来看，劳动作为劳动者的对象性活动，全面而充分地体现了人与自然、人与社会、劳动者个体与国家民族之间的双向建构。

（四）劳动素养的培养原则

劳动教育是对年轻一代参加社会生产的实际训练，也是德育、智育和美育的重要内容。由帕夫雷什中学创立的劳动教育理论，可以培养人的道德品格与智力品格。苏霍姆林斯基认为，教育的任务就是让劳动深入人的精神生活，这样对劳动的热爱在青少年时期就能得以形成。

1.尽早培养原则

无所事事是不道德的一种表现，要让儿童在懂得劳动的社会意义之前就感受到劳动的道德意义，要让他们在童年期和少年早期就通过亲身经验理解并体验没有劳动就不可能生活。当儿童的兴趣爱好开始显现时，就应该对他们进行劳动教育；要积极引导学生早在童年时期就能够找到一种自己热衷的劳动，并在劳动中认识自我、发现自我。

（1）学校教育。1981年，教育部在《关于普通中学开设劳动技术教育课的试行意见》中明确提出了必须在中小学阶段开设劳动技术课的要求。我国于20世纪初启动新的课程改革，这次改革直接把劳动教育微观化为综合实践活动课程中的分支课程。要适应素质教育和新课程改革的浪潮，学校教育必须转变轻视劳动技术教育和职业技术教育的陈腐观念，同时要改变以升学率为唯一目标的错误倾向，将劳动教育纳入素质教育的教学计划。在学校，劳动教育不应该被置于一个孤立的境地，相关教育活动的教育者和组织者都应该自觉强化劳动教育意识，共同承担起中学生劳动意识教育的责任。一方面，其他一系列教育活动能够为培养受教育者正确的劳动观念、锻炼劳动技能以及强化劳动行为体验提供广阔的空间，有利于提升受教育者的综合劳动素质和思想道德素质；另一方面，劳动教育渗透到其他教育之中，并对其他教育活动实现教育目标有很大的助推作用。《中国教育改革和发展纲要》指出，其他教育活动的目标可通过劳动教育实现，进而实现总体教育目标。由此可见，劳动教育和其他教育活动存在互利共赢的关系。就劳动教育与智育的关系来说，通过劳动教育可以培养学生坚强的意志和克服困难的拼搏精神，进而帮助学生解决思维迟缓、学习困难的问题，使其在面对繁重的学习任务和升学压力时能够从容应对。

劳动的过程是手脑并用的过程，身体触碰到劳动对象，将感觉和知觉到的信息传输给大脑，大脑对信息进行筛选、加工，进而指导手的动作，这样一个传输过程在无形之中起到了开发人的思维能力和智慧的作用。另外，劳动教育能够培养学生爱劳动、勤劳动的良好生活作风和行为习惯，这对提升学生的思想道德水平是不可或缺的。由此可见，劳动教育也有助于学校取得良好的德育成效。总之，学校要想充分发挥其开展劳动教育主阵地的作用，就必须转变劳动教育观念，重视教师队伍的建设，强化教师队伍的劳动教育意识，引导学科之间的有效渗透。

（2）家庭教育。在物质文明和精神文明共同进步的今天，人们的思想观念也随之发生变化。人们不再单纯地忙忙碌碌，开始懂得享受生活，并且更加明白良好的物质基础是幸福生活不可或缺的组成部分，这就需要努力奋斗，通俗来讲也就是劳动。然而，随着社会利益的多元化，功利化价值观逐渐找到生存的土壤，很多学生家长受到影响，价值取向发生扭曲。他们只看重孩子的考试分数，要求孩子专心学习，只字不提"劳动"二字，在孩子的培养问题上走向片面化，忽略了对学生进行道德品质以及劳动意识和习惯的培养。我们时常听到家长十分认真严肃地对孩子说：你的任务是把书读好，其他事情不用你管，也不用你动手，都是我们的任务。事实上，学习本身就是一种劳动，是学生不可避免的劳动，学习也需要耗费体力和脑力，对于这样一种特殊的劳动，家长只想看到成果，并没有考虑其中的教育价值。家长希望学生专注于学习，日后争取考个重点大学，待到毕业后能找到一份不错的工作，来积累享受生活的物质基础。当然，这种想法本身没有错误，但是忽视劳动教育的做法却是不可取的，造成的后果也非常严重。

劳动的家庭教育

现在我国仍然以独生子女家庭居多，家中的长辈对孩子都较为溺爱。父母毫无理性和原则地在子女面前发扬着无私奉献的传统美德，包办学生的所有事务（除了学习）。在这样的家庭环境下长大的孩子，自我意识很强，独立性却很弱，怕苦怕累，很难想象这样的孩子将来能对国家、对社会做出多大的贡献。

（3）社会教育。人的意识和行为都是在一定的社会环境和社会交往中产生的，社会环境无疑是造成很多学生劳动意识缺失、劳动观念扭曲的第一原因。戴维·波普诺在他的《社会学》一书中指出："社会现实环境不仅影响我们追求的目标，而且最终会影响我们走向这个目标。"当今，我国正处在社会转型期，市场经济对效益最大化追求，而素质教育、道德建设却相对滞后,造成了社会的功利化取向。学生正处在人生观、价值观形成的关键时期,但是由于其阅历和经验的不足,对是非的认识和判断能力有所欠缺,容易受到外部负面因素的影响。个人本位观念、利己观念、拜金主义观念不仅冲击着人们传统的道德观和价值观,而且冲击着学生的心灵和头脑,使人们开始淡忘道德支撑社会的重要性。社会上存在的不劳而获、好逸恶劳、不尊重劳动,鄙视体力劳动、就业观念扭曲,养尊处优、贪图享乐等现象对学生劳动意识的养成也产生了消极影响。西方个人本位主义思想流入我国,迅速找到了生存的土壤。个人本位实质上是将个人利益与集体利益对立起来,使人们将关注的目光集中在个人身上。学生受到"重智轻德"错误思想的诱导,也开始认为个人的最大价值只取决于他本身的学识高低,而与包括劳动品德在内的个人道德素养毫无关系;在行为上表现为轻视集体活动,眼高手低,能力不足又缺乏意志。社会转型带来的变化,冲击着人们固有的价值观念,使人们形成了多元价值观念,从而使人们感到迷茫,无所适从。

2.日常培养原则

劳动教育要想取得一定的成果,就必须对学生进行经常性的、持续不断的劳动教育。学生只有经常不断地劳动,才能丰富其精神生活。只有当学生从事那种须经常对它进行思考和操心的长时间的劳动的时候,劳动的创造性质才会在他面前展现出来。全身心地投入劳动的内心呼唤是一股强大的教育力量,而这种力量的形成是从事长期劳动的必然结果。

苏联教育家马卡连柯曾指出:"劳动永远是人类生活的基础,是创造人类文化幸福的基础。"劳动教育是创造幸福生活的奠基教育。然而,随着时代的发展和科技的进步,科技工具逐渐部分取代以往的人为劳动,如全自动洗衣机可以代替手洗,洗碗机的出现也让家庭主妇免除了洗碗工作。由此,劳动的概念也逐渐淡出学生的意识,逐渐远离学生的生活。为了扭转这种趋势,重提劳动教育的重要性,劳动教育内容必须回归到学生的生活中。美国教育学家杜威提出了"教育即生活""学校即社会""从做中学"的重要教育理论。劳动教育要回归学生的生活世界,必须立足现实生活世界,必须从增强学生主体意识、发展学生主体能力、塑造学生主体人格等方面入手,丰富劳动教育与生活接轨的途径,使主体成为其思想道德建构活动的促进剂。自我服务性劳动、公益性劳动、家务劳动、劳动技术竞赛等都应当成为培养学生主体意识的重要途径;利用"五一"国际劳动节这样带有标志性的节日,开展"大家一起劳动""我劳动我快乐"等主题活动,在校园、街道、社区等设点设岗,组织学生一起劳动,包括打扫卫生、植树浇花、清理宣传栏、捡垃圾等,学生一起挥洒劳动汗水,发挥劳动热情;学生团体和组织应该成为开展劳动教育活动的载体,开展一些符合中学生身心发展特点的教育活动,如向劳动模范学习、劳技竞赛的"劳动之星"评选活动等。

生活不能脱离劳动，劳动教育也不可能远离生活，只有将劳动教育置于学生的生活实际，才能使学生实际感受劳动的趣味和意义。

3.身体力行原则

劳动任务的安排应当符合学生的实际能力及其身心发展的具体特点。学生在劳动中产生的正常疲劳感是可以接受的，但是体力和脑力的过度疲劳是绝不容许的。过度的疲劳不但会威胁学生的身体健康，而且还容易让学生产生敷衍、抵触的情绪。因此，我们可以从以下两个方面贯彻劳动的身体力行原则：

一是脑力劳动和体力劳动、农业劳动和技术创造交替进行。劳动种类的变换使那些原本在单一劳动状况下疲惫不堪的劳动，在这种交替的情况下变得容易胜任了。因为单一的劳动很容易让人疲劳，而交替进行的劳动会让人产生新鲜感，使其劳动兴趣也跟着提高了。

二是从事一些有计划的连续性劳动会让个人潜力不断得到激发，其使劳动效率大大提高。零散的劳动只会消磨学生的耐心和毅力，他们很难在这种劳动中取得较为可观的物质劳动成果。而从一而终的有计划、有组织的连续性劳动会使学生能力大大提升。

要理解劳动的意义，并明确劳动意识教育的重要性，学校就必须充分意识到学生在劳动教育实践活动中的主体地位，强化其行为体验；通过恰当的劳动教育实践活动让其感受劳动的滋味，使其自觉规范日常行为，养成良好的行为习惯。

4.内外兼修原则

紧张的体力劳动从来都不是最终目的，而是从事真正劳动的开端。真正的劳动必定是手脑结合的创造性劳动。进行体力劳动强大的动力之一就是这种劳动的重大意义和手脑的结合，意义越重大，做这种最平凡工作的兴趣就越强烈。长时间从事某一项体力劳动很容易让学生感到乏味无趣，在这种情况下，赋予体力劳动以一定的创造意图或研究目的，使学生燃起求知欲的火花，用智力来指挥双手或者用双手来丰富智力，那么即使平凡乏味的体力劳动也会成为心爱的劳动。为此，学校应当尽量让各种劳动都以创造性意图为基础，促使学生为实现这种意图积极研究、努力思考。例如，培植甜菜的过程中有许多无聊的劳动过程，如果能够在培植甜菜的过程中让学生深入研究如何能够增加甜菜的甜度，那么这项单调的劳动就变成一项具有研究目的的创造性劳动了。

劳动教育是促进个性发展、发挥个人天赋才能的重要途径之一。每个人都有他与生俱来的在某方面优于他人的天赋才能。劳动教育的重要任务之一就是帮助学生在多种多样的劳动活动中找到自己钟爱的那一种，并在这项劳动活动中充分发挥自己的天赋和才能，进而使其获得精神上的愉快和满足。因此，教师应该帮助引导学生在入学后尽快找到他们所喜爱的、能够发挥其创造才能的一项劳动，使他们形成一定的生活志趣。而发现每个学生的兴趣爱好，并使他们的个性得到充分发展，是一项艰巨而困难的工作。人的天赋才能是

第二章 劳动与劳动能力的形成

多方面的,学生在某项劳动中取得成就之后,很可能过段时间又在另一项活动中取得了更大的成就。而在对那些天资没有明显显现出来的学生进行培养时,要格外耐心和细心。这类学生不仅存在于学习成绩中等的学生当中,还存在于优等生中。总而言之,教师要给学生提供尽可能多的劳动活动,让他们从自己的劳动成果中"看到自己"。

5.协同培育原则

要对学生进行劳动教育,提高其劳动素养,绝不能脱离其他素养单独进行,而应该与其他素养的培养有机结合。一个人的全面发展、富有素养、精神丰富、道德纯洁……所有这一切,只有当他不仅在智育、德育、美育和体育素养上,而且在劳动素养、劳动创造素养上达到较高阶段时,才能做到。劳动素养不但包括成熟的劳动技能和劳动技巧,而且包含劳动创造中的智力内容、道德意义、公民目的性以及劳动在一个人的精神生活中所起的重要作用。拥有较高劳动素养的一个重要表现是:一个人把为公共福利而劳动看作自己生活的重要组成部分。人的生活中不是只有劳动,只有当人在进行劳动的同时享受到了其他快乐,劳动的快乐才能得到更充分的体现。同样地,在对学生进行劳动教育时,教师应该将劳动教育与其他各育有机结合,只有当劳动能使人的道德更加完善、智力生活更加丰富、身体更加强健、美感得到提高时,劳动才能真正成为一种教育力量。

开展劳动意识教育活动,既是对学生潜能和特长的开发,又能提升其在科学文化知识方面的学习能力。智育是劳动教育的基础,良好的文化素养和科学思维方法有助于劳动活动的有效开展及劳动技能的提升。劳动意识教育体现了德育既重视人性的培养,又重视道德责任与义务的履行。学校劳技课教育的重要内容之一就是以劳辅德,凸显劳技课的德育功能,使之成为学校德育的一个窗口。因此,在劳动技术教育过程中,教师要坚持以学生为主体、理论与实践相结合的教学思想,将德育目标贯彻整个教育教学过程的始终,让学生在理论学习和实际操作的过程中逐渐形成热爱劳动的思想,树立正确的劳动观念。劳动教育要求学生不仅有坚强的意志,而且有健康的体魄,只有身心健全的人才能投入为社会做贡献的劳动中去。另外,在劳动课任务分配时要求学生团结合作完成,分享劳动果实,这也有利于培养学生团结合作的集体主义精神和乐于奉献的精神。

二、劳动素养的评价

为使劳动教育更好地贯彻落实,防范学生劳动积极性不高、内在动力不足的问题,学校还需要健全劳动素养评价制度:将劳动素养纳入学生综合素质评价体系,制定一整套劳动素养评价标准,充分发挥评价的激励和导向作用,组织开展劳动技能和劳动成果展示、劳动竞赛等活动,全面客观地记录学生课内外劳动的过程和结果,加强学生实际劳动技能和价值观情况的考核;建立公示、审核制度,确保记录真实可靠;把劳动素养评价结果作

为衡量学生全面发展情况的重要内容，使新时代劳动教育体系更加完善。

（一）劳动素养评价的主要内容

劳动素养是指经过生活或教育活动形成的与劳动有关的人的素养，包括劳动价值观、知识、能力等具体指向。苏霍姆林斯基认为，劳动素养还包括"劳动活动在一个人精神生活中的作用和地位，以及劳动创造中的充实的智力内容、丰富的道德意义和明确的公民目的性"。从大中专院校学生的特点、评价指标的可操作性、社会认知程度等综合角度来看，劳动素养的内涵与指向重在体现以下四个方面：

一是劳动意识的评价维度。人类的劳动活动是有意识的，在活动之前就存在着一定的思考和安排。培养正确的劳动意识就是让学生具有正确的劳动动机和劳动态度。劳动动机体现为劳动者在劳动过程中所追求的目的，劳动态度体现为劳动者在劳动过程中的心理感受。学校通过劳动教育，使学生明确劳动动机、端正劳动态度，进而增强劳动意识。

二是劳动观念的评价维度。劳动可以锻炼人的吃苦精神，劳动会让人有坚定的意志。劳动观念是人们对劳动的看法和态度。新时代的劳动观念要以热爱劳动为荣、以好逸恶劳为耻，尊重努力劳动、贡献社会的不同阶层的劳动者，愿意以自己的体力劳动和脑力劳动建设祖国、贡献社会、服务人民。树立正确的劳动观念，是提高学生劳动素养的基本要求。

三是劳动能力的评价维度。劳动能力是人们进行劳动工作的能力，包括体力劳动和脑力劳动两个方面，是体力劳动和脑力劳动的总和。劳动能力是让学生懂劳动、会劳动，是人们通过劳动创造价值的必要手段。

四是劳动成果的评价维度。劳动是人与社会、人与自然的互动过程，强调结果评价是在探讨人作为劳动主体，对生活和工作的影响。劳动能使学生学会生活、学会生存、学会交往、学会发展，劳动使人身心健康，劳动实践活动可以培养学生热爱劳动的思想、吃苦耐劳的精神和对工作的责任心。

（二）劳动素养的评价载体

劳动素养作为人的内在素质，具有充分的内生性、内在性、自主性的特点，必须在外化形态下才能得到准确评价与衡量。构建科学合理的劳动素养评价体系，要重点在丰富评价载体上下功夫，给予劳动素养充分的外在表达空间与形式。这既是加强劳动教育的必然要求，也是实现劳动素养科学评价的重要方面。依据大中专院校学生管理的特点，结合劳动教育中对"服务""创造""躬行"等劳动价值的重点弘扬，劳动素养的评价载体与呈现形式，即评价体系建构应涵盖以下四个方面：

一是日常劳动行为。劳动是人类社会各项活动的基本形态之一，劳动素养的生成、塑造与展现都在日常行为中充分存在。大中专院校学生学习、生活各个方面都与劳动意识、劳动观念、劳动能力有着千丝万缕的联系。对大中专院校学生来讲，积极参与学生社团组

第二章　劳动与劳动能力的形成

织、为集体举办的文体活动贡献力量，都是以个人劳动与付出服务他人的形式之一，在构建劳动素养评价体系中，应从劳动成果的维度予以适当体现。

二是志愿服务。志愿服务是劳动教育的重要载体之一，志愿服务的过程是学生实践能力、劳动精神、劳动素质全面锻炼与提升的过程。大中专院校将劳动教育融入志愿服务，让学生有意识、有目的地参与其中，在志愿服务过程中实践劳动精神、弘扬劳动精神。大量的学生志愿服务活动能够培养学生勇于实践、无私奉献的勤劳奋进精神，增强学生的劳动意识和劳动素质。

三是实习实训。实习实训是大中专院校课堂教学的巩固和提升，是学生将理论应用于实践的必要途径，是培养学生吃苦耐劳、知行合一、乐于奉献等优良品德及责任担当意识的重要基地。大中专院校应结合自身专业特色，不断完善实习实训项目，为学生提供更多的劳动实践机会，加强校内外实习实训基地对学生劳动素养的引导与教育作用。

四是社会实践。社会实践活动提供了学生与社会的全方位体验与交流的真实场景，学生通过社会实践将知识转化为劳动成果，能够更加直观地感受通过劳动实现目标、通过劳动创造价值的意义。同时，社会实践活动能够促进学生劳动能力的提高，塑造其职业素养和道德品质，使学生通过亲身实践，理解劳动价值的内涵，形成尊重劳动、热爱劳动的真挚情感。

（三）劳动素养评价结果的运用

构建劳动素养评价体系要充分借鉴和吸收综合素质评价的有益成果，真正做到评价设计科学合理、评价过程公开公正、评价结果导向正确、社会信服。劳动素养评价体系应当与当前大中专院校普遍实行的学生综合素质评价体系相一致、相融合，把劳动素养纳入综合素质评价的"五育"目标之一，从加强劳动教育的视角，优化学生综合素质评价的各项指标设计，实现劳动教育在综合素质体系中的独立占比，提升劳动教育各项内容的重要性。因此，劳动素养评价的结果运用方面应当注重以下三个方面：

一是要探索劳动素养评价的独立表彰机制。劳动教育作为"五育"并举的重要指标之一，与德智体美相比，尚未建立起有效的表彰或惩戒机制。学生的思想状态、学习成绩、体格检测、文体评比等都有相对独立的考评办法和表彰机制，但对于"劳育"而言，探索劳动素养评价体系的目标之一，就是要在形成劳动素养评价的定量或定性结果的基础上，对劳动素养优秀的学生予以表彰，对相对落后的学生进行促进，通过正面奖励和反向引导的方式，强化劳动教育的具体实施。因此，大中专院校要从劳动素养评价体系的结果认定上，建立"劳育"表彰的物质性或荣誉性奖励机制，如设立"劳动光荣奖""劳动之星""劳动先进奖""劳动创造奖"等项目，并辅以适当的物质奖励，还可举办劳动技能大赛、劳动表彰大会等活动，扩大劳动素养的教育教学成果，巩固劳动教育的长期效应。

二是要建立劳动素养评价与学生综合素质测评融合机制。劳动教育是德智体美劳全面培养教育体系的重要组成部分，将劳动素养纳入学生综合素质评价体系，能够充分发挥劳动教育的激励和导向功能。制定涵盖劳动观念、劳动意识、劳动能力的评价制度和评价标准，通过学生综合测评结果将劳动教育与学生评奖评优挂钩，能够促进学生增强劳动意识，更加注重自身劳动素质的培养。劳动素养评价融入综合素质评价体系，要充分考虑劳动素养评价的四个维度，既要设计好劳动意识、劳动观念等非客观维度的测量方法，也要为劳动能力、劳动结果等适宜定量考查的指标进行合理赋值，从而达到充分肯定学生劳动素养的提升与进步的测评目的。

三是要建立劳动素养评价结果的长期记录机制。劳动素养评价体系要体现学生综合劳动素质，促进学生崇尚劳动、尊重劳动，让学生争做辛勤劳动、诚实劳动、创造性劳动的积极践行者。建立劳动素养评价结果的长期记录，能够客观反映学生的成长过程，体现学生劳动能力、劳动态度的发展变化，这对其未来求职升学、择业就业、创新创业等都是有益的参考。学生个体的劳动素养评价结果是检验学生个人成长的重要记录，以建立劳动素养评价评分卡、记录表等方式综合反映学生的基本素质，为开展就业推荐、择业指导等提供背景材料和基础信息。另外，对学生劳动素养评价做群体性的长期记录分析，是检验和考查劳动教育成果、效率的重要方面。因此，大中专院校要尝试通过网络化、系统化、平台化的方式采集学生劳动素养评价信息，构建科学合理的劳动素养评价体系，形成劳动素养评价结果的长期记录，推动劳动教育在大中专院校的具体落实落地。

三、培养学生劳动素养的途径

劳动是人类社会发展进步永恒的主题，劳动素养是一个合格大中专院校毕业生必备的基础素养。当代学生的劳动素养会左右他们对未来职业、岗位和人生道路的选择，影响他们人生价值的实现，进而在一定程度上影响国家和社会的未来。大中专院校学生提升劳动素养要从以下几个方面着手：

（一）加强马克思主义劳动理论的学习

学生要自主自发地利用课堂和课余时间学习马克思主义劳动理论，深刻理解和领会马克思主义关于劳动创造人、劳动促进人的全面发展等观点，努力提高参加劳动实践、接受劳动锻炼的自觉性和主动性，同时学习新时代劳动教育的内涵和意义，领悟习近平总书记给劳动教育赋予的时代思想意蕴。习近平总书记在2018年"五一"国际劳动节前夕，给中国劳动关系学院劳模本科班的同志们回信，站在坚持和发展新时代中国特色社会主义的战略高度，勉励全国劳动模范"珍惜荣誉、努力学习""用你们的干劲、闯劲、钻劲鼓舞更多的人，激励广大劳动群众争做新时代的奋斗者"，强调"社会主义是干出来的，新时代也是干出来的",重申"劳动最光荣、劳动最崇高、劳动最伟大、劳动最美丽",号召"全社会都应该尊敬劳动模范、弘扬劳模精神,让诚实劳动、勤勉工作蔚然成风"。这些重要思想开辟了马克思主义劳动思想的新境界。习近平总书记在回信中把劳动与人生、荣誉联系起来,这就给劳动赋予了高尚的人生追求和特殊的时代意蕴,实现了普通劳动者的人生价值与开辟中国特色社会主义新时代的高度统一。

(二)加强自我劳动教育,锻造劳动精神

学生要学会提升自己的个人修养,时刻保持主动学习的精神。学生只有坚持主动学习,才能尽可能地获得知识,培养自我,提升自我,要有意识地进行自我反省、自我判断、自我学习和自我教育。在接受劳动教育时,学生要充分认识劳动素养对自身的作用,从而在劳动实践中强化自己对劳动素养的认识,增强培养劳动素养的意识,除了从学校教育、家庭教育等途径获得对劳动素养的了解,还可以通过自我服务和自我充实的方式来认识劳动素养,加强自我劳动教育。具体包括以下四个方面:第一,学生要自觉主动地学习,把在学校获得的劳动知识进行自我消化和自我认知;第二,在学校要主动认真地学习劳动教育课,遇到不懂的问题积极思考和提问,尽自己最大的努力做到自主学习、自我管理、自主思考和自主行动,培养正确的劳动观念;第三,可以利用同伴关系,一起学习、讨论劳动知识和参与劳动,可以在集体学习的过程中表现自己,充分认识到集体荣誉感所带来的那一份责任,感悟体验劳动带给自身的力量和磨炼;第四,要不断了解国家荣誉称号获得者、劳动模范、改革先锋等人物的故事和精神,不断弘扬和践行劳动精神、劳模精神、工匠精神,不断积累和运用,这是提高劳动素养水平的基础。

(三)加强劳动实践锻炼,提升劳动能力

劳动是一个实践的过程,因此提升劳动素养需要课堂学习与课外实践的有机统一,如果不能把课堂学习与课外实践有机结合起来,学生对劳动的认同感和敬畏心就不可能真正形成。因此,学生要加强实践体验,通过开展多种形式的劳动实践,切实感悟劳动的获得感和成就感。学生要通过劳动实践,充分感受劳动的乐趣,享受劳动成果的喜悦,养成吃苦耐劳的品质以及独立担当的品格,进而形成尊重劳动、热爱劳动的真挚情感。学生要在自己的生活实践中体会劳动素养提升与自身健康成长和全面发展的内在联系,积极参加校内外组织的劳动教育和劳动锻炼平台,并积极寻找劳动机会,在劳动的过程中训练劳动技能,形成热爱劳动的良好品德,锻炼吃苦耐劳的意志品质,全面提高劳动素养。

🖊 思考与练习

1.你是如何理解劳动素养的?请举例说明。

2.你认为该如何评价劳动素养?

3.你认为该如何培养自己的劳动素养?

活动与训练

一、活动目的

通过调查大中专院校学生劳动素养现状,引导学生正视自身不足,激发学生的劳动热情。

二、活动方式

各班级以任课教师为指导教师,带领学生编制"学生劳动素养调查问卷",展开校园大调查,并撰写调研报告。

第三章 劳动价值观与劳模精神

📝 学习目标

1. 掌握劳动价值观及其时代差异。
2. 了解劳动价值观的形成过程。
3. 掌握劳动精神与劳模精神的关系。
4. 了解劳模精神的表现及典型人物。

📝 课程引入

部分青少年劳动价值观异化五大怪象

现象一：好逸恶劳、嫌贫爱富，不尊重劳动和普通劳动者

受社会不良风气及家庭教育不当的影响，一些孩子从小形成了"劳动分贵贱"的错误价值观。"爸爸妈妈教育我，如果不好好学习，以后就要去扫大街，当工人，进工厂，回家种田"……在他们幼小的心灵里，劳动已然分了贵贱。

现象二：小皇帝、小公主层出不穷，"老儿童""巨婴"越来越常见

受当前青少年的教育环境和成长氛围的影响，本来应该由家庭承担的劳动教育被课外补习替代，小皇帝、小公主层出不穷。如今，甚至出现了"老儿童"现象。天津一所高校的一名女学生，一上大学就带妈妈过来陪读，妈妈白天打工，早中晚过来送饭，给孩子洗衣服，还承包了宿舍的卫生。除了这种陪读还有学生定期寄脏衣服回家洗，或者花钱雇钟点工去宿舍打扫卫生，学生自理能力堪忧。

现象三：不劳而获、坐享其成在青少年中存在苗头

当前，大中小学生超前消费的苗头已经显现，中小学生使用奢侈品、高档化妆品的新闻频现报端，大学校园贷、裸贷案例层出不穷。据了解，陷入裸贷的女学生中有部分人是因追求奢侈品而无法自拔，还有的不顾学习痴迷于炒期货、黄金和互联网金融P2P，追求"一夜暴富""嫁个富二代，少奋斗10年"。

现象四：不思进取，青年"啃老"现象日益凸显

随着城乡经济条件的改善，一些大中专毕业生不就业或慢就业的情况比较常见。如果找不到"不苦不累，冬暖夏凉，坐办公室"的工作，有些青年宁可回家"啃老"，每天在家上网打游戏，或者拿着父母的钱周游世界，吃喝挥霍。

现象五："年轻人宁送外卖不进工厂"，职业教育没有吸引力

据一些企业透露，现在职业学校的毕业生不愿意去工厂，这其中还包括职业技能大赛上的佼佼者。目前，大量产业工人从制造业流向快递行业，工匠流失现象严重，而这些工匠恰恰又是中国制造业转型升级最缺的人才。

> **想 一 想**
> （1）你如何看待上述异化的劳动价值观？为什么？
> （2）新时代正确的劳动价值观应该是什么？

第一节　劳动价值观及其差异

一、马克思主义劳动价值观

劳动是马克思思想体系中的核心观念，是马克思主义理论研究的基础。马克思把劳动比喻成整个社会为之旋转的太阳，劳动是人类生存的本质，人类的发展过程就是劳动的发展史。马克思主义对于劳动的论述主要体现为劳动本质论、劳动价值论和劳动解放论。

（一）劳动与人的本质

劳动为人的本质规定是马克思人学的基本观点。在《1844年经济学哲学手稿》《德意志意识形态》《剩余价值学说史》和《资本论》等著作中，马克思分别从异化劳动、分工片面化、劳动机器化和商品拜物教等方面从正反两个视角对人的本质进行了批判性的解剖和建构性释义。在批判劳动异化、私有制、分工和雇佣劳动制度使人的本质丧失、异化和非人化的基础上，马克思构建了唯物史观的劳动人本质理论。

首先，劳动创造了人之为人的现实生存条件，是人脱离动物的根本途径。马克思指出："通过实践创造对象世界，即改造无机界，人证明自己是有意识的类存在物。"劳动是人与自然界沟通的中介，是自在自然变升为人类生存和发展必需的自然的根本连接，还是人的类本质生成从而与动物分离并优越于动物的根本前提。正如恩格斯所说，"我们在某种意义上不得不说：劳动创造了人本身"。

其次，劳动是人的生命的本质规定。马克思认为，一个作为生命物种的特征，其本质规定是它的活动状况，人类的生命特征就在于他的活动是超越本能的有意识、有目的的创造性劳动，这种创造性劳动既内构了人的生命本质，又外别于世间其他万物，对此，马克思做了这样的精练辨明："可以根据意识、宗教或随便别的什么来区别人和动物。人开始生产自己的生活资料的时候，人本身就开始把自己和动物区别开来。"

再次，劳动是人的本质生成的基础。劳动不仅生成类本质而傲然于自然和动物界，而且创造的各种社会关系生成了人的现实本质特征，赋予不同时代、不同阶级的人不同的现实品质，让人与人既相互区别又相互联系，使人的样态呈现出历史的传承与流变。马克思说，社会生活在本质上是实践的，人的本质"在其现实性上，它是一切社会关系的总和"。

最后，劳动是人的价值实现的根本途径。在类与社会的层面，劳动创造了人本身，形塑了人类的生活，是一切物质财富和精神财富的最终源泉，也是推动人类社会的进步和发展的根本力量。在个体的意义上，劳动促成人的成长与发展，使人成为社会化的人。任何个人只有在劳动中才能展示和发挥自己的潜能，才能为社会、集体和他人做出奉献，证明自己的一切可能性，实现人生价值，确立人格尊严，达至快乐幸福。

（二）劳动价值论

劳动价值论是马克思关于劳动创造商品价值及商品生产、交换遵循价值规律的理论，它详细阐述了商品经济的本质和运行规律。

1.价值实体

价值实体是指商品中消耗的人类的抽象劳动。也就是说，价值这个东西指的是抽象劳动。商品的二重性就是使用价值和价值，价值是商品的社会属性，商品的自然属性是使用价值。这里最重要的是马克思创立的劳动的双重性理论，就是具体劳动和抽象劳动的理论。这是理解马克思主义经济学的枢纽点，不懂得劳动双重性就根本不懂得马克思主义经济学。所以，我们必须对它进行深入的了解。从劳动双重性理论中，我们就可以了解到具体劳动创造使用价值，抽象劳动创造价值。只有理解劳动的双重性，我们才能懂得马克思主义的劳动价值论。

2.价值量

价值量就是指价值的大小、价值的多少。商品价值的数量由社会必要劳动时间来计算。社会必要劳动时间是指在社会平均条件下，用社会中等的劳动强度生产一个使用价值所需要的劳动时间。社会必要劳动时间有宏观和微观双重含义：微观含义是指生产某种商品的单个产品实际耗费的社会必要劳动时间。这一含义是在《资本论》第一卷中阐述的。宏观含义是指社会生产这种商品的总量时所需要的必要劳动时间。生产总量所需要的时间称为宏观上的社会必要时间。

3.价值的形式

价值的形式就是指交换价值。交换价值是一个商品和另一个商品交换的比例。交换价值有四种形式：简单的价值形式、扩大的价值形式、一般的价值形式、货币的价值形式。货币是最高的价值形式，也是最完整的价值形式。用货币表现的商品价值称为价格，价格是商品价值的货币表现。价格就是一种交换价值，是一种最高形态的交换价值。所以，在马克思主义的经济学中，价值、交换价值、价格三个词是有严格界限的，不能混淆。所有西方经济学至今为止仍然都不区分这三个概念，都混同使用。这在现实当中会造成很多混乱。

4.价值的实质

价值的实质就是商品所能体现的人和人之间的经济关系。人和人的经济关系在商品经济、市场经济中就是商品和商品的关系，就是劳动和劳动的关系，也是物和物的关系。反过来说，物和物进行交换时所体现的就是人和人的关系。经济学表面上是研究商品和商品的关系，归根到底是研究人和人之间的关系，因为商品的背后是人。马克思主义的经济学既见物又见人，认识到了商品流动背后的人和人的关系、劳动者和劳动者之间的关系。而西方经济学都是见物不见人的，他们不讲人和人之间的关系、人和人之间的经济关系，而只讲商品和商品的关系，即物和物的关系。马克思说经济关系是在物的掩盖下的人和人的关系，必须通过物看到人。真正的经济学应该是既见物又见人，只看见物不看见人，只看见商品、货币、资本，而不看见人，这就会产生商品拜物教。

（三）劳动解放论

马克思认为劳动所创造的财富的积累会为社会提供大量的自由时间，从而使作为劳动动物的人从劳动中解脱出来而从事自由的创造活动。在马克思哲学的初步奠基之作《1844年经济学哲学手稿》中，马克思已提出人既不同于一般动物，也不是所谓的纯粹精神存在，而是一个以劳动为本源性活动并通过劳动改造自然、推动自身发展的类存在物的观点。人的劳动绝不等同于动物的生产，虽然人也需要同自然打交道，但人却绝不限于动物般的纯粹的消费，人的劳动与生产还具有美的特征，人在使自然人化的过程中也使人自身得到了发展，展现了自身的自由与创造性。

首先，劳动与解放并不是一对不可调和的冤家，相反，没有劳动就没有真实的解放，而没有解放的本体劳动就蜕化为动物式活动。当马克思把人规定为劳动的动物时，这里的劳动是指理想性的劳动、自由自觉的活动，体现的是人的自由特征和普遍性。当马克思说在未来的共产主义社会中劳动被废除了时，这里的劳动特指资本主义条件下劳动的特定形式——异化劳动。可见，劳动一直是马克思主义的重要概念，虽然马克思逐渐用实践兼容了劳动概念，把"自由自觉的人类劳动"作为人的类本质却一直是其没有放弃的理论旨趣；而通过实践概念，这一思想获得了更加现实的基础。

其次，劳动虽然包含着人与自然之间的"新陈代谢"，但劳动并不必然使人处于必然性之下；相反，劳动总是与人的自由相关，并且劳动（狭义的实践）蕴含着解放的力量与旨趣。当马克思说人是按照美的规律来进行塑造的时候，实际上就是赋予劳动以文化的宽广内涵。当马克思说一切冲突都必须在实践的基础上得以说明和解决时，实践代表的是对现存的一切进行无情的批判的解放力量。劳动者社会尽管是一个必然性统治的社会，但这种必然性正为自由社会的到来积累力量。这就是资本的辩证法、现实历史的辩证法。

最后，由于马克思解放学说的真实内容是人类解放，而只有从广义实践（物质劳动、阶级斗争、文化活动等的统一）出发，人类的解放才是现实的，因此不应对解放做完全奠基于劳动的理解，而应做奠基于广义实践的理解。"共产主义，作为完成了的自然主义等于人道主义，而作为完成了的人道主义等于自然主义，它是人和自然之间、人和人之间的矛盾的真正解决，是存在和本质、对象化和自我确证、自由和必然、个体与类之间的斗争的真正解决。"也就是说，劳动解放即从异化劳动中解放出来，作为人类解放的重要内容并不是人类解放本身，因为人类解放包含更加丰富的含义。人类解放，不仅是人与自然之间矛盾的解决，更是人与人之间斗争的解决，人与人之间对立的解决才是马克思哲学关注的终极问题。而人类解放如何才能实现？"只有当现实的个人同时也是抽象的公民，并且作为个人，在自己的经验生活、自己的个人劳动、自己的个人关系中间，成为类存在物的时候，只有当人认识到自己的'原有力量'并把这种力量组织成社会力量因而不再把社会力量当作政治力量跟自己分开的时候，只有到了那个时候，人类解放才能完成。"而公民、类存在物等概念只能在实践中得到合理的理解，并使解放真正地具有历史和价值的内涵，从而自由不再是权利，而是人性的真实体现。

二、新时代学生劳动价值观的基本内涵

新时代我们要加强培育学生的劳动精神，使学生树立正确的劳动价值观，这既是形成学生正确世界观、人生观和价值观的有效途径，也是培养有理想、有本领、有担当的社会主义建设者和接班人的客观要求，是学校实现立德树人根本任务的现实需要，对于加快推进教育现代化、建设教育强国具有重要意义。

劳动创造伟业，劳动铸就辉煌。一切劳动，无论是体力劳动还是脑力劳动，都值得尊重和鼓励。新时代学生劳动价值观的基本内涵如下：

（一）应当把明确劳动本质与价值作为基本要求，明辨劳动最伟大

新时代学生应当以劳动创造人类历史和文明、劳动推进社会发展和进步为认识起点，明确劳动的本质和价值。劳动的本质不仅在于创造物质财富和精神财富，也是推动社会发展的决定性实践活动，体现了劳动超越谋生之外的人文社会价值，是满足人享受和发展需要的价值状态，推动社会发展和促进人的全面发展。

1.劳动改写命运，书写历史

中华人民共和国的成立代表着中国人民从此站起来了，这不仅表现为人民当家做主人，还意味着中国劳动者的命运第一次真正意义上掌握在自己手中。在革故鼎新的年代里，中国共产党带领劳动人民自力更生、艰苦奋斗，劳动人民满怀高度负责的主人翁精神和强烈的民族自豪感开始建设新中国，改变着社会面貌，改写着劳动人民的命运，书写着对未来的美好憧憬。

2.劳动创造幸福，成就事业

改革开放以来，广大劳动群众的积极性、主动性、创造性得到了充分发挥，社会主义建设高歌猛进，无论是在政治、经济、文化方面，还是在教育、科研、军事等方面，建设成就斐然，实现了物质财富和精神财富的极大提高，社会生活发生了巨大变化。勤劳的、充满智慧的中国劳动人民正在创造着幸福，满载着幸福感、获得感不断推进着中国特色社会主义事业的向前发展。

3.劳动开创未来，实现复兴

中国特色社会主义进入了新时代，新时代的劳动者更多地呈现出知识型、技能型、创新型、创造型的时代特点，中华民族迎来了实现中华民族伟大复兴的光明前景。

（二）应当把肯定劳动主体地位与作用作为基本要义，明辨劳动最光荣

劳动者是人民群众的主体部分，承担着创造社会物质财富和精神财富的历史责任，新时代的学生应当重视和尊重劳动、肯定和崇尚劳动，其内在必然要求就是肯定劳动主体的地位与作用。"劳动最光荣"是一种积极的劳动伦理价值观，它的价值向度就是对劳动者主人翁地位的肯定。我们应当平等看待劳动者，不论是体力劳动者还是脑力劳动者，不论是简单劳动者还是复杂劳动者，一切为我国社会主义现代化建设做出贡献的劳动者，都是光荣的，都应该得到承认和尊重。

（三）应当把树立创造性劳动意识作为主要目标，明辨劳动最美丽

"劳动最美丽"可以用劳动美来加以概括。"劳动最美丽"在本质上是劳动者或劳动主体基于其劳动实践而实现的美的创造，并通过各种美的劳动形式，彰显劳动者的本质力量和劳动美的价值。

三、树立正确的劳动价值观的意义

（一）有利于学生树立正确的价值观和事业观

新时代的学生要将日常生活与理想追求紧密结合起来，在劳动创造中实现远大理想和个人目标，自觉把人生追求融入国家富强、民族复兴的伟业，实现个人与集体、国家的融合发展，真正树立依靠辛勤劳动、诚实劳动、创造性劳动获取财富，实现人生价值的正确思想观念，从而为其走出校园后的人生之路奠定良好的事业发展基础。

（二）有利于学生培育和践行社会主义核心价值观

尊重劳动，坚持爱岗敬业的工作态度和职业操守，是践行社会主义核心价值观的要求和具体体现。培育新时代学生的劳动精神，能够使学生真正理解人民创造历史、劳动开创未来，相信劳动是推动人类社会进步的根本力量；真正认识到正是因为中国人民的劳动创造，我们才拥有今天的幸福生活。通过弘扬劳动精神，学生要扎扎实实干事，踏踏实实做人，培养积极主动的岗位意识、职业意识、进取精神和创新精神。

知识链接

社会主义核心价值观

党的十八大提出，倡导富强、民主、文明、和谐，倡导自由、平等、公正、法治，倡导爱国、敬业、诚信、友善，积极培育和践行社会主义核心价值观。富强、民主、文明、和谐是国家层面的价值目标，自由、平等、公正、法治是社会层面的价值取向，爱国、敬业、诚信、友善是公民个人层面的价值准则。这24个字是社会主义核心价值观的基本内容。

（三）有利于学生感受时代精神力量

要引导新时代学生确立劳动最美丽的思想观念，使他们真正感受到劳动本身所激发出的人性光辉、品德光辉和精神光辉，体验到劳动者在劳动中所体现的精益求精、专注执着、无私奉献、创新创造的宝贵精神，体验到高标准、高品质的追求和敬业之美、创造之美的价值升华，从而激励自己投身于新时代中国特色社会主义伟大事业，奉献无悔青春。

四、劳动价值观的时代差异

劳动价值观对人们的劳动行为、劳动态度具有某种导向和支配作用。下面我们从勤劳意识、劳动目的、劳动激励因素和职业意向四个方面来分析劳动价值观的时代差异。

（一）勤劳意识的时代差异

1987年2月，日本青少年研究所所长千石保先生曾以日中青年工人为调查对象，进行了一次很有影响的劳动伦理比较研究，并提出了中国青年工人勤劳性的问题。他认为群体规范（Group Norm）的恶化是使中国青年人变得不勤奋的重要因素之一。他所指的群体规范，包括企业的一种制度化规范，一种习以为常的价值标准。他认为，形成这种群体规范，与中国的传统文化和改革开放之前的旧体制影响有关。

中国有一句老话，"一个和尚担水吃，两个和尚抬水吃，三个和尚没水吃"，显然这指的是一种群体结构与其产生的效益之间的关系的逆反状态。这与中国封建社会延续2000多年的自给自足的自然经济基础有关，因为小农意识的价值标准对人们的影响是广泛而深刻的。以前我国实行的社会主义计划经济体制所规定的一系列制度系统对人们的社会文化实践产生了深刻的影响。当时的经济制度、劳动制度、工资制度、分配制度，在根本上体现了一种缺乏内部竞争机制的平均主义倾向，从而导致了"个人吃大家，大家吃国家"的极其丑陋的文化心态。

改革开放40多年来，围绕社会主义、计划商品经济的许多措施出台，社会主义经济基础有了深刻的变化，一系列商品观念形成，如经济主体观念、效益利润观念、成本和市场观念等深入人心，反映在人们的劳动意识上，也有较大的变化。调查资料显示，青年人在劳动态度上追求经济利益的占大多数，这也从一个侧面反映了青年人劳动热情存在较大的潜力。

目前在劳动状况方面普遍存在一种"无风险，低报酬"的现象，这恰恰是滋生懒惰和懈怠心态的温床。

尽管工作懒散有时被认为是青年一代的普遍特点，然而调查资料显示，当代大多数青年人同老一辈一样，他们愿意承担工作的责任，不怕劳动的艰苦和紧张。

（二）劳动目的的时代差异

中国实行社会主义制度70多年来，历来强调个人为集体、为社会做贡献。在社会主义建设初期的20世纪50年代和60年代，集体主义、奉献精神与党的经济政策是一致的，工作和劳动的目的是为社会、为国家做贡献，人们很少甚至几乎不谈个人的经济利益和自我实现。改革开放以后，进行了一系列经济政策的调整，主张国家、集体和个人的利益三者兼顾。80年代以来，关于人的劳动目的的调查结果显示，不同年龄段的人对于劳动目的的认识有明显的差异：老年段的主人翁意识最强，青年段和中年段的主人翁意识最弱，而少年段由于受学校教育的影响，愿为社会做贡献的人多于青年段。对于劳动目的是"谋求个人自我实现"的回答，持肯定态度的百分比分布则正好与上题相反，青年段最高，老年段最低，少年段和中年段居中。这一代价值观的差异比较典型地反映了四个年龄段由于所处的历史时代、社会文化状况不同，青年期社会化的内容不同，而导致观念不同。

第三章 劳动价值观与劳模精神

中国作为一个发展中国家,人们劳动的目的显然不可能脱离经济利益而去追求虚幻的个人自我实现,调查资料比较真实地反映了这一情况。

青年一代劳动目的的这一突出变化,表现了青年人追求物质的渴望以及强调自我的价值。这种观念的形成与改革开放以来的社会现实是直接相关的。需要引起重视的是青年人对自我取向的心态,把为社会、为国家做贡献置于谋求个人自我实现之下。这种偏重个人的倾向与老一代人的观念是格格不入的,也是与社会主义的原则不尽一致的。

(三)劳动激励因素的时代差异

调查资料表明,几代人在劳动激励因素上的看法比较接近,普遍追求的是一种能发挥自己能力的,通过自己的刻苦努力而赢得报酬的工作环境。

这提示我们,对于不同年龄段的人所采用的劳动激励政策,应有一定程度上的差别,然而基本的激励因素是在满足个人能力、尊重个人首创精神的前提下,给予相应的报酬。这一结论与千石保先生的调查结论基本相似。他认为"劳动欲望的根源在于个人满足尊严的要求和能力发挥的要求"。目前的分配制度虽然给企业放了一点权,企业可以根据经营情况决定分配,但是职工收入差别不大,奖金在绝大部分单位基本上是平均发放,甚至连职工提合理化建议和进行技术改进而应获得的奖励,在有些企业也实行"老少无欺""洒胡椒粉"的政策,存在着不奖、少奖或者普奖的情况。奖励随心所欲不到位,因而挫伤了职工群众提合理化建议和技术改进方案的积极性,压抑了职工的创造性。

(四)职业意向的时代差异

改革开放之前我国是计划经济体制,基本上不重视人们的职业意向,劳动者的工作岗位都是由国家计划给定的。人们一旦被安排在某一工作岗位上,无论满意与否都将"从一而终",在一般情况下是不得调动工作的。"服从分配"和雷锋的"螺丝钉精神"是当时特定历史时代所提倡的社会精神。改革开放之后我们搞活了经济,促进了人才流动,开始注重人们的职业意向,也关注职工对岗位的满意程度和发挥能力的程度。人们自身也懂得去寻找适合自己专业特长和兴趣爱好的工作岗位,以更好地发挥自己的能力。

调查显示:青年对职业声望的看法与我国改革开放之后经济政策和劳动政策的变化有极大关系。值得引起重视的是少年段和青年段均将工人的职业声望放在最后一位,可见青少年中普遍存在追求高报酬工作和轻视体力劳动的倾向。与此形成对比的是中年段和老年段将"工人"的职业声望分别排在第17位、11位,体现了中老年人对"工人"这一职业的感情。

应当看到,当代青年人劳动价值观的某些变化已带有一定的超前性,其形成的社会文化背景可能有两方面的原因:其一是40多年改革开放带来的社会变化、商品经济及其某些商品文化特质的引进,这些客观的社会存在,决定了人们社会意识的变化。其二,现代社

会是以传播媒介的日益普及和文化交流的日益频繁为基本特征的，中国的改革开放必然伴随着世界文化的交流和普及深入，电子技术的发展更推动了传播媒介的更新，青年人对于世界性的新观念、新思潮最感兴趣，也最容易接受，因此他们的劳动价值观带有超前性也就不足为奇了。

综上所述，当代劳动价值观的时代特征的诸方面变化，可以概括为两大基本趋势，即由精神归属向物质归属的转变，由集体取向向个人取向的转变。这一转变目前还在继续进行。中国的老一代人是以精神归属和集体取向为基本特征的；而青年一代则是以物质归属和个人取向为典型特征的。然而，当代青年人所具有的物质归属和个人取向的基本特征并不是完整意义上的具有西方文化色彩的物质归属和个人取向，在许多方面它还存在矛盾的现象，具体表现在两个方面。

1.追求物质利益，却又希冀机遇

对物质的崇拜和对精神的蔑视也许是中世纪社会走向世俗化的一个历史性过程，这也是当今现代化社会的普遍问题。当代青年人的社会价值观发生了急剧变化，他们不再追求虚幻的精神目标，而把眼光转向现实，追求实在的利益；劳动目的不再是摆在嘴上的为国家、为社会利益而工作，而是生活必需，是获得经济利益；对职业的选择也不再仅顾及它的名声好坏，更重要的是挣多少钱。这种对物质的追求，在某种程度上成了青年人积极劳动的主要内驱力，然而，尽管他们有追求物质利益的欲望，在行动上却往往不想实干。他们中的有些人甚至抱着"不花费劳动，而能获得成功"的侥幸心理在商品经济的大海中戏水。除了青年本身的原因外，这也与当今中国社会存在的诸多"关系学"现象不无关系。只有建立起真正意义上的商品经济活动的平等机制，人们对偶然性的看法才有可能改变。

2.强调自我发展，但又留恋"大锅饭"

是依靠个人奋斗获得成功，还是依赖集体和国家，把个人融于集体和国家之中？显然，当今社会中国青年更多地选择了前者。这是当代青年区别于老一代人的重要标志。青年人对于生活目标的选择，也比较尖锐地反映了当今中国青年对国家和社会义务感的减弱，这一状况显然与社会主义、集体主义原则相背离。

劳动价值观的时代差异反映了改革开放以来社会转型时期的基本特点，也是社会文化变迁在人们价值观念领域的体现。当代青年人劳动价值观的这些变化是当今社会中"物质主义"和"个人主义"思潮泛滥的折射，务必引起人们的注意。

第二节　劳动价值观的形成过程及内在逻辑

一、劳动价值观的形成过程

（一）尊重劳动：常怀感恩之心

新中国的劳动者中既有劳动模范，又有先进典型，他们的事迹在历史发展的长河中画上了浓墨重彩的一笔，他们身上所体现的劳模精神和劳动精神始终熠熠生辉。

实现我国的奋斗目标，要靠劳动者的实干。无数奋斗者用实际行动证明，只有尊重劳动、尊重劳动的价值，才能让劳动者有更多的获得感和成就感，创造出更多的财富。实干兴邦，一个尊重实干、尊重劳动的国家，必然拥有充分的活力和强大的发展动力，从而在奋斗的道路上取得更多伟大的成就。

我国每一次重大任务的完成和重大斗争的胜利，无不凝聚着劳动者的心血与汗水。举世瞩目的红旗渠工程，是当年30万林州人民在极其险恶的环境下，通过10年苦战，在悬崖峭壁上，用双手一锤一铲开凿出来的；在抗击新冠肺炎疫情的斗争中，是无数医务工作者、疫情防控人员用一往无前、舍生忘死的拼搏，才遏制了蔓延的疫情，挽救了成千上万人的生命。

红旗渠修建时的情景

正是每一个劳动者在各行各业的岗位上尽心尽责、辛勤劳动，才让整个社会物质充裕、运转有序、人们共享幸福。劳动者在创造幸福的同时，也带给他人以幸福。我们应常怀感恩之心，尊重我们身边每一位劳动者，尊重每一份平凡普通的劳动。

（二）热爱劳动：人生幸福据点

劳动不仅是人类文明进步的源泉，还是打开幸福之门的钥匙，通过劳动，人类从森林走向陆地，从远古走向现代文明，从食不果腹走向"吃好穿美"。

人类的进化

劳动是财富的源泉，也是幸福的源泉。劳动能帮助我们完善内心、完成自我实现。劳动不仅为我们幸福的实现提供了物质条件，而且劳动的过程本身就是一种幸福体验。

人们常说"劳动创造幸福"，这是因为人们付出了汗水，就会有回报，有了回报，就会产生幸福感。正是因为劳动，中国综合国力才不断增强，人民生活水平才不断提高，幸福指数才不断上升。

（三）践行劳动：奋斗的青春最美丽

劳动是推动人类社会发展的决定性力量，每个人的梦想照进现实，归根到底要靠辛勤劳动、诚实劳动、科学劳动。

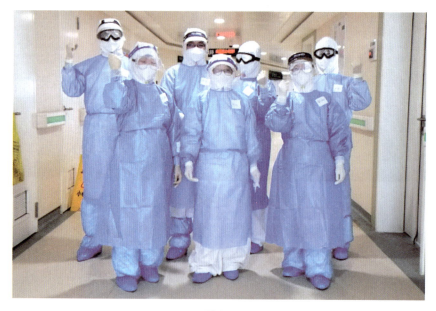

医护人员

2020年春天，我们见证了太多感人又温暖的故事：白衣执甲的医护人员、星夜驰援的物流司机、逆行而上的铁路工作者、筑牢防线的青年志愿者群体、坚守岗位的公安干警……无数劳动者都在为抗击疫情尽自己的一份力。守护共同家园，用奋斗定义自身价值，这样的主人翁姿态，时代也必将予以铭记。

奋斗是青春的底色，幸福不会从天而降，梦想不会自动成真。面对新形势、新困难、新挑战，每个劳动者都要焕发热情、释放潜能，在各自的岗位上踏实苦干、努力奉献。撸起袖子加油干，千千万万劳动者所凝聚起来的力量，必将掷地有声。

二、劳动价值观的内在逻辑

（一）有助于学生树立正确的人生观和价值观

马克思主义劳动观告诉我们，劳动是一切历史的基本条件，是人类赖以生存、发展的决定力量。树立正确的劳动观，有利于学生真正认识到劳动创造人类社会的本源性价值，树立正确的人生观和价值观；树立正确的劳动观，有助于学生热爱劳动、尊重劳动，激发学习热情和创新精神，真正认识到劳动是生命意义和生命价值实现的唯一途径，认识到劳动是财富创造的源泉，幸福都是奋斗出来的。

（二）有助于形成积极向上的就业创业观

当前高职院校及应用性本科学生在毕业就业过程中经常出现眼高手低、不能胜任工作等问题，只有树立正确的劳动观，学生才能形成积极向上的就业观和创业观。正确的劳动观能够培养学生优良的品质，实现学生的积极就业；正确的劳动观能够帮助学生正确认识社会劳动分工的本质，消除劳动差别观，建立劳动平等观，促进学生积极到基层就业，加强锻炼，为以后的发展奠定良好的基础；正确的劳动观能够培养学生吃苦耐劳的劳动精神和创新精神，促进学生的自主创业。

（三）有助于促进学生的全面发展

作为社会主义建设者和接班人，学生的全面发展对实现中华民族伟大复兴的中国梦有着重要作用。合格的建设者和接班人本质上就是以劳动实现中国梦的劳动者，既是辛勤的劳动者，也是敬业的劳动者，更是创造性的劳动者。树立正确的劳动观，有利于学生在劳动中增强体魄、磨炼意志、提升人格品质，实现以劳树德、以劳增智、以劳健体、以劳育美的目标。

第三节　劳模精神与劳动精神的关系

一、新时代的劳模精神

劳动模范是时代的先锋、民族的楷模，他们身上承载和彰显的劳模精神一直发挥着引领作用，丰富和拓展了中国精神的内涵，助力中国从站起来、富起来到强起来，实现历史性飞跃。

（一）劳模精神的内涵

1.劳模精神的内在本质是主人翁意识

主人翁意识是劳模精神的内在本质，是正确认识和理解劳模精神的"关键词"。正是因为具有自觉的、强烈的主人翁意识，劳模才以车间为家、以厂为家、以企为家、以国为家，才具有积极主动的岗位意识、职业意识、进取精神和创新精神，才能在本职工作中充分发挥积极性、主动性和创造性，才能够艰苦奋斗、淡泊名利、甘于奉献，自觉把人生理想、家庭幸福融入国家富强、民族复兴的伟业，最终建构起个人与集体、个人梦与中国梦、小家与国家民族融合统一的发展共同体和命运共同体。

2.劳模精神的核心是工匠精神

现今，我国各行各业涌现出来的劳动模范所展示的劳模精神，其行为实质和精神特质本身都是工匠精神的价值升华，既体现了劳动者的勤劳创造之美，展现了劳动者的追求卓越之美，也凸显了劳动者的爱岗敬业之美。可以说，工匠的职业操守精神是劳模精神的基础，工匠的求精创新精神是劳模精神的源泉，工匠的敬业奉献精神是劳模精神的内核。

（二）劳模精神的本质特征

1.工人阶级优秀品格的体现

工人阶级是我国的领导阶级，是中国共产党最坚实可靠的后盾，代表了先进生产力和先进文化的前进方向。劳动模范和先进工作者作为工人阶级和劳动群众的优秀代表，是祖国和人民的骄傲，是最美的劳动者，党和国家始终维护人民当家做主的地位，全心全意依靠工人阶级。

劳动模范作为我国工人阶级中最闪光的一个群体，他们身上凝聚的劳模精神始终体现着我国工人阶级的优秀品格。一方面，劳模精神体现了工人阶级的先进性。在中国共产党领导中国人民革命、建设和改革的各个历史时期，我国工人阶级都是勇挑重担、建功立业、开拓创新的时代先锋和行动楷模，他们在任何时代都是辛勤劳动、诚实劳动、创造性劳动的有功者，推动国家富强与民族进步。劳模精神作为劳动模范的核心要素和行动指南，是支撑时代前进的强大精神力量，充分体现了工人阶级的先进性，推动了工人阶级的成长进步。另一方面，劳模精神彰显了工人阶级强烈的主人翁责任感。劳动模范先进的思想和优秀的品质是时代的产物，他们所拥有的高度的主人翁责任感是自这个阶级出现就与生俱来的，是劳模精神的内在本质。正是他们自觉的、高度的主人翁责任感使他们将国家的富强和民族的复兴作为自己的责任，以极大的热情投入各项事业中，努力进取、勇于创新、艰苦奋斗、淡泊名利、无私奉献，将个人理想与国家理想、个人梦与中国梦融合在一起，为中华民族的伟大复兴奋斗终身。

2.伟大的中华民族精神的传承

习近平总书记在第十三届全国人民代表第一次会议上重新定义了中华民族的伟大精神，指出中华民族是具有伟大创造精神、伟大奋斗精神、伟大团结精神和伟大梦想精神的民族。这"四个伟大精神"精准而深刻地描绘出中国人独有的气质和禀赋，即富于创造、崇尚奋斗、团结一心、追求梦想。创造给予我们奇迹，奋斗给予我们机会，团结给予我们力量，梦想给予我们希望，它们是支撑我们中华民族创造伟大历史、不断向前发展的精神底气，而劳模精神就是对它的一种传承与发展。

一方面，劳模精神中强烈的主人翁意识和责任感、艰苦奋斗和勇于创新的品质特征，就是对中华民族伟大创造精神和伟大奋斗精神的直接展现。中国人民是具有伟大创造和伟大奋斗精神的人民，而作为人民群众杰出代表的劳动模范就更具有这种优秀的精神品质。另一方面，劳动模范之所以拥有爱岗敬业、争创一流、淡泊名利、甘于奉献的精神，就是因为他们有着伟大的团结精神和伟大的梦想精神。回顾中国改革开放40年来取得的巨大成就，中国网、中国港、中国路、中国桥，这些都是怀揣伟大梦想的人民创造的。梦想是引领我们向前发展的动力，但发展的根本还是要各族人民团结一致，同心同德。有梦想、能团结才能形成守望相助的大家庭，才能铸牢中华民族的共同体意识。新时代进一步弘扬和践行劳模精神，要在每个人的心里都种下团结与梦想的种子。

3.改革创新的时代精神的凝结

时代精神是一个国家和民族在新的历史条件下形成和发展的思想观念、价值取向与精神风貌的总和，是一种体现国家和社会发展方向，反映民族特色和时代潮流的集体意识，在国家整体发展战略中占据着重要地位。当今我国时代精神的核心是改革创新，它贯穿改革开放的全部实践，体现在时代精神的各个方面。改革开放进程中涌现出来的一大批时代楷模和榜样群体都生动地展示着以改革创新为核心的时代精神。

（三）传承新时代劳模精神

1.以劳模精神实现价值引领，激发劳动精神的内生动力

人的社会发展的目标是发挥主体的能动性、实现自我价值、推动社会的进步发展。作为青年学生，除了实现自我发展的人生目标、探寻超越自我的价值追求、创造属于个体的幸福美好生活外，还应具备参与社会劳动奉献、勇于承担社会责任的精神。

（1）以个人奋斗的幸福梦激发对劳动的热爱。新时代青年学生期盼通过知识技能的学习和社会经验的积累来促进自我的发展，使自身获得更好的工作和更美好的生活，这些都是个体美好的生活愿景。但是要想实现理想，没有艰辛的努力付出，终究会变成个人的空想。幸福的生活不是坐享其成、贪图享乐就可以实现的，必须通过个体的诚实守法劳动方可获得。

（2）国家的富强、民族的复兴、伟大中国梦的实现，都需要作为追梦者和圆梦人的每一个青年学生，依靠自己的聪明才智和辛勤劳动来实现。新时代为当代学生提供了广阔的发展舞台，青年学生要以国家富强、民族振兴、人民幸福为己任，将自己的个人梦想与国家的前途、民族的命运紧密地结合起来，胸怀理想、志存高远，以勤学苦干、敢于创新的精神，激励自己投身于中国特色社会主义的伟大实践。

2.以劳模精神加深劳动认知，提高劳动自觉

劳模精神培育的前提是对劳动要有科学的认知。青年学生只有充分认识劳动的价值和意义，才能为了信仰而产生劳动自觉。这种劳动信仰就是培养自身劳动精神的原动力。其基本要求是形成崇尚劳动、热爱劳动、尊重劳动者，以辛勤劳动为荣、以不劳而获为耻的科学认知，并将科学认知转化为劳动信仰的劳动实践自觉，体现了人生价值和社会价值的统一，使得个体在追求个人目标实现的同时，对社会发展和进步起到推动作用，并最终找到人生的价值和意义。

3.以劳模精神实现榜样带动，彰显劳模精神的榜样力量

榜样的力量是无穷的，榜样教育具有示范、激励、导向、调整、自律和矫正等多种功能。作为培育新时代劳动者大军的主渠道、主阵地，学校在传播知识和技能培养的同时，必须把劳模精神融入其中，激发学生的劳动热情，涵养学生的奉献情怀，增强学生的集体意识。

（1）用劳模精神激发劳动意识。新时代的学生，其物质生活得到了极大改善，但其中相当一部分学生自立意识不强，抗压能力较弱。学校培育和弘扬劳模精神，就是要借助

劳模的光辉事迹，感染、启发和带动更多青年学生热爱劳动，提高劳动能力，养成劳动习惯，形成吃苦耐劳的劳动精神，更好地适应以后的工作岗位。

（2）用劳模精神涵养奉献情怀。劳动和奉献是相互联系、不可分割的。劳动是奉献的基础，没有劳动，奉献就无从谈起；奉献是劳动的升华，为劳动增添价值。劳模精神突破了自给自足的狭隘劳动观念，着重强调奉献社会的人生追求。充分发挥个人智慧与才干，通过劳动创造为人民服务、为民族振兴服务，才能完全体现一个劳动者的人生价值。立德树人就是要去除小我的功利劳动观，培育大我的奉献精神，把奉献祖国和人民作为毕生的人生追求，补齐个人性情成长的短板，塑造健康人格。

（3）用劳模精神增强集体意识。现代社会分工细化，人的相互联系日趋紧密，依赖程度逐步加深，社会发展呼唤集体意识。但在理论学习和实践的过程中，怎样将集体意识落实为个体的实践行为，把集体潜意识自发提升为团队协作的正能量，凝聚成长发展合力，是立德树人面临的一个重要问题。劳模精神在任何时期都表现出了鲜明的集体主义倾向，在具体的劳动实践过程中推动集体的共同发展，指引学生将个人的价值追求自觉融入民族复兴的中国梦。

二、劳模精神和劳动精神的关系是部分和整体的关系

劳动精神应该成为所有劳动者都必须拥有的精神。劳模精神也是所有劳动者都应该学习的精神。二者也是方向和基础的关系，劳模精神是方向，劳动精神是基础。

三、劳模精神是劳动精神的积极体现

劳模先锋不仅具有忘我的劳动热情、积极进取的精神状态，也饱含无私、淡泊名利的利他主义作风。他们身上闪耀着的优秀品质正是劳动精神的积极呈现。

劳模精神继承并发展了中华民族传统优秀的劳动观念，树立并彰显了一种辛勤劳动、诚实劳动、创造性劳动的新理念，营造并弘扬了一种劳动光荣、技能宝贵、创造伟大的时代风尚，生成并传播了一种劳动者至上、劳动者平等、劳动者可敬、劳动最光荣、劳动最崇高、劳动最伟大、劳动最美丽的劳动观。

第四节 劳模精神的具体表现及典型人物

一、劳模精神的具体体现

（一）不同时代劳模精神具有不同的表现

不同的年代，劳模精神有着不同的具体表现。在革命战争年代，被誉为"边区一面旗帜"的赵占魁、"兵工事业开拓者"的吴运铎等劳动模范的先进事迹和崇高品质集中体现了以"新的劳动态度对待新的劳动"的社会主义劳动精神。中华人民共和国成立之初，闻名全国的"孟泰精神"树立了工人阶级强烈的主人翁责任感，体现了艰苦创业、勤俭节约的高尚情操。在社会主义建设时期，铁人王进喜的模范事迹集中体现了中国工人阶级为国争光的爱国主义精神，独立自主、自力更生的艰苦创业精神，胸怀全局、为国分忧的奉献精神。改革开放以来，蒋筑英、徐虎、李素丽等模范人物的先进事迹体现了解放思想、实事求是、紧跟时代、勇于创新、知难而进、一往无前、艰苦奋斗、务求实效、淡泊名利、无私奉献的为社会主义现代化事业不懈奋斗的时代精神。新时代，劳模精神具体表现为爱岗敬业、争创一流，艰苦奋斗、勇于创新，肩负使命、责任担当，淡泊名利、甘于奉献。

（二）新时代劳模精神具有丰富的当代价值

习近平总书记指出，劳动模范是民族的精英、人民的楷模。长期以来，广大劳模以平凡的劳动创造了不平凡的业绩，铸就了"爱岗敬业、争创一流，艰苦奋斗、勇于创新，淡泊名利、甘于奉献"的劳模精神，是我们极为宝贵的精神财富。作为个体，劳动模范以"爱国、敬业、诚信、友善"为行为准则，是个人践行的典范；作为公民，他们把"自由、平等、公正、法治"作为社会价值取向，是价值引领的旗帜；作为人民的一分子，他们以"富强、民主、文明、和谐"为奋斗目标，将"小我"融入国家发展的潮流，是价值实现的楷模。翻阅一代代劳模的事迹，在他们身上，对事业的"痴"、对工作的"狂"、对得失的"傻"交织在一起，这也正是我国发展中所需的定力、闯劲、韧劲，共同标志着中华民族一代又一代建设者们奋斗的底色。

2013年4月，习近平总书记在同全国劳动模范代表座谈时指出，"幸福不会从天而降，梦想不会自动成真。实现我们的奋斗目标，开创我们的美好未来，必须紧紧依靠人民、始终为了人民，必须依靠辛勤劳动、诚实劳动、创造性劳动"。劳动模范是"干出新时代"的排头兵，是践行"实干兴邦"的楷模。因此，激励广大劳动群众争做新时代的奋斗者，就是要让实干担当在新时代蔚然成风，让改革创新在新时代焕发活力，让精益求精在新时代落地生根。

劳模精神推动着新时代产业工人队伍建设。产业工人是工人阶级中发挥支撑作用的主体力量，是创造社会财富的中坚力量，是创新驱动发展的骨干力量，是实施制造强国战略的有生力量。2017年4月，中共中央、国务院印发了《新时期产业工人队伍建设改革方案》一项与亿万产业工人息息相关的重大改革拉开大幕。3年来，一项项积极举措在工会组织陆续推出，产业工人队伍建设改革取得了实质性进展，劳动光荣、技能宝贵、创造伟大的时代风尚更加浓厚。在抗击新冠肺炎疫情的全民战争中，在党中央全面部署、统一指挥下，各行各业、各族群众，尤其是大批劳动模范，把小我融入国家大我，携手共克时艰，参与到疫情防控中。医护工作者全力救治患者，社区工作者尽职尽责构筑抵御疫情的防线，人民警察、环卫工人、公交司机、快递小哥等坚守岗位，为守护人民群众健康、保障人民群众正常生产生活辛勤工作，创造了中国速度与中国奇迹，谱写了一曲曲抗疫赞歌，充分体现了新时代产业工人的担当，彰显了中国特色社会主义制度的显著优势。在新时代，要继续充分发挥劳动模范和工匠人才的示范带动作用，培养更多劳动模范、大国工匠，努力打造一支有理想守信念、懂技术会创新、敢担当讲奉献的宏大的产业工人队伍，建设知识型、技能型、创新型的德才兼备劳动者生力军。

劳模精神引领着新时代劳动教育的价值取向。2018年9月，习近平总书记在全国教育大会上强调，"要在学生中弘扬劳动精神，教育引导学生崇尚劳动、尊重劳动，懂得劳动最光荣、劳动最崇高、劳动最伟大、劳动最美丽的道理，长大后能够辛勤劳动、诚实劳动、创造性劳动"。这既是对广大学生涵养深厚劳动情怀的谆谆嘱托，更是对未来劳动者用奋斗成就梦想的殷切期待，引领着新时代劳动教育的价值取向。劳动模范是每个时代劳动精神的典型象征，有助于引导广大青年学生聆听劳模故事、体悟劳模精神，增进劳动体知、深植劳动情怀、锤炼劳动品质、养成劳动习惯，形成正确的劳动价值观，在磨炼意志和增长才干的实践中感受劳动的乐趣和收获，从而培育辛勤劳动、诚实劳动、创造性劳动的精神气质。

劳模柴闪闪

柴闪闪，一个响亮的名字。16年前，他从老家湖北老河口农村来到上海打工，进入上海邮政邮区中心局担任接发员。

柴闪闪

因为技能过硬、工作出色,他先后被评为2018年全国邮政系统先进职工,获得全国五一劳动奖章,当选全国人大代表,并在2020年获评全国劳动模范。

此前,柴闪闪放弃了好几次晋升的机会,至今,他仍然只是中心局信息大组的副组长。选择扎根一线,他有自己的理由:我是以上海市农民工身份当选全国人大代表的,不能脱离了代表的群体,待在工友们中间心里踏实。

原本,柴闪闪的工作地点在机房,并不需要参加信件拣配,但只要一有空他就会到拣配间和工友们一起干。他不仅是为了帮大家干活,还想听大家说说心里话,以便更好地履行农民工代表的职责。

接发员的工作是充当邮件转运人员的调度者,一线转运人员需要根据接发员提供的信息工作。因此,柴闪闪从不允许自己迟到。每天,他总是提前半小时到单位,充分做好各项准备工作。

"双十一""双十二"购物节这样的快递高峰时段,或者有大型会议在上海举行,邮件需要安检等特殊情况,柴闪闪和同事们都会拿出特别能吃苦、特别能奉献的干劲儿,夜以继日地工作。

繁忙的工作之余,柴闪闪一直没有放弃学习。这些年来,他以团支部书记的身份,组织分中心转运岗位的青年员工利用业余时间进行自我提升,并且第一个获得了本科文凭。在他的带动下,几十名职工提升了学历,20多名职工晋升了高级工、中级工技术等级。

如今,作为邮件接发的专业技术人才,柴闪闪依然忙碌在邮政一线。"走得再远,也不能忘了来时的路。"他说。

第三章　劳动价值观与劳模精神

二、劳模精神的典型人物

劳动模范是优秀劳动者的典型代表，他们在革命、建设、改革的各个历史时期，都具有走在前列、勇挑重担的光荣传统，他们作为劳动人民的优秀代表，是时代的引领者，在工作生活中发挥了先锋和模范作用，在中华民族复兴的伟业中，艰苦奋斗、淡泊名利、甘于奉献。

（一）钟南山："共和国勋章"获得者

钟南山，福建厦门人，1936年10月出生于南京，中共党员，中国工程院院士、教授、博士生导师，著名呼吸病学专家，中国抗击非典型肺炎的领军人物，曾任广州医学院院长、党委书记，广州市呼吸疾病研究所所长，广州呼吸疾病国家重点实验室主任，中华医学会会长，"共和国勋章"获得者，现为国家呼吸系统疾病临床医学研究中心主任、国家卫健委高级别专家组组长、国家健康科普专家。钟南山长期从事呼吸内科的医疗、教学、科研工作，重点开展哮喘、慢阻肺疾病、呼吸衰竭和呼吸系统常见疾病的规范化诊疗，以及疑难病、少见病和呼吸危重症监护与救治等方面的研究。

从医以来，钟南山先后取得了国家、省、市各级科研成果20多项。他是近10多年来推动中国呼吸疾病科研和临床事业走向世界前列的杰出领头人之一。他和他的同行们在这个专业的突出贡献奠定了中国呼吸疾病某些项目的研究水平在亚太地区的领先地位。用"著述等身""声名显赫"来形容钟南山的成就一点也不为过。

他保持着对事业的追求，在科学的殿堂坚持创新、永不停步。这种性格也深深地感染了他周围的人，熏陶出了一个勇于奉献、蓬勃向上的群体，使广州呼吸疾病研究所成为国内令人瞩目的学术阵地——国家重点学科、广东省重点实验室、国家临床药理基地、博士学位授予点。

2003年非典型肺炎疫情暴发，作为中国抗击非典型肺炎的领军人物，在SARS猖獗的非常时期，钟南山不但始终在医疗最前线救死扶伤，还积极奔赴各疫区指导开展医疗工作，倡导与国际卫生组织之间的密切合作，因功勋卓著，荣获全国五一劳动奖章，同时被广东省荣记特等功，被广州市授予"抗非英雄"称号。2020年1月，湖北武汉遭遇了"新型冠状病毒"袭击，在众多正在为消灭病毒而奋勇救人的白衣天使中，84岁高龄、头发花白的钟南山院士站在了抗击疫情的最前线。他不辱使命，带领着医护队伍向祸害人类的"新型冠状病毒"亮出早已磨得锋利的宝剑，为祖国、为人类无怨无悔地挥洒着自己的满腔热血。钟南山是中国呼吸系统传染病防治当之无愧的领军人物，更是新时代劳动模范的典型代表。

（二）魏书生：教书育人楷模

魏书生，1950年5月4日出生于河北。1956年，他随父母迁居辽宁沈阳。1968年，魏书生作为知识青年下乡到盘锦农场。1969年，魏书生在新建农场的红旗小学教书，开始了为期两年的教师体验。两年后，魏书生被调到电机厂工作。直到1978年，他到盘锦三中担任语文教师，才正式开始教师生涯，并为之奋斗一生。

魏书生在初中语文教学实践过程中，不断思考和探索，逐步形成了一套教学方法，包括定向、自学、讨论、答疑、自测、自结六个步骤，即"六步课堂教学法"。"定向"就是教师和学生一起提出新课的重点、难点，然后学生通过"自学"解决重点、难点问题，自己不能独立解决的问题，力求通过"讨论"找到答案，如果仍不能解决或者存在分歧，便再请教师"答疑"。问题解决后，学生自己出题或相互出题进行"自测"，检验学习情况。在下课前，学生将本节课所学的内容进行自我总结（自结），教师根据教学要求做出简单的考查，并进行评价，根据考查结果做出进一步的调整。"六步课堂教学法"是让学生站在教师的角度，来把握重点、难点和知识点，从而加深学生对所学内容的理解和巩固，同时培养学生的自学能力。

自此之后，魏书生每年都要奔赴各地讲学、开会、交流、介绍经验。很多人担心，他长期不在学校上课，学生怎么办？魏书生却很放心。因为他已经教给学生一个法宝，就是自学。培养学生的自学能力，就是交给学生一把探究世界的金钥匙。他说："一个教师最重要的不仅仅是教给学生眼前的知识，更是培养学生有利于未来、有利于人类的个性。如果学生把探求科学当成了自己最大的乐趣、最大的幸福、最大的利益，还有什么能阻挡住他们学习的步伐呢？"通过"六步课堂教学法"，学生的自学能力得到了极大锻炼。

魏书生告诉学生："该玩就玩，该唱就唱，生动活泼，才能提高学习效率。"平时他会指导学生画画，曾经有一段时间，学生画画成风。他还组织学生到学校附近种植大豆、玉米、向日葵等农作物，让学生通过劳动与大自然亲密接触，体会土地、空气、水、植物、动物给人们带来的美好。回顾自己的教学经历，魏书生说："曾经有人认为，我的语文教学不像语文教学的样子，而是思想教育，是班主任工作。但我越往语文教学的深处探索就越感觉到，人脑这部机器应该分为两部分：动力部分和工作部分。两者不能相互取代，学习的动力不能代替学习的实践，反过来，学习的实践也不能代替学习的动力。回忆自己走过的语文教改之路，我感觉最满意的一点就是始终把育人放在第一位。我教语文极为轻松，根本原因在于育人，在于引导学生成为语文学习的主人。"这些年来，他先后在报刊上发表了66篇文章，先后出版了《魏书生教育方法100例》《魏书生语文教育改革探索》《魏书生文选》《当代中学生用功术》等书籍。

（三）郭明义：当代雷锋

郭明义，中共党员，1958年12月出生，1977年1月入伍，辽宁鞍山人，鞍钢矿业集团有限公司齐大山铁矿生产技术室业务主管，第十八、十九届中央委员会候补委员，中华全国总工会副主席（兼）。先后荣获全国优秀共产党员、全国道德模范、2010年度感动中国人物、"当代雷锋"、辽宁省"优秀共产党员"等荣誉称号并荣获全国五一劳动奖章。

2018年，中共中央、国务院授予郭明义同志"改革先锋"称号。

郭明义以雷锋为榜样，几十年如一日敬业爱岗、无私奉献，累计义务献工21 000余小时，捐款54万多元，资助贫困学生300多名，无偿献血7万多毫升，影响带动了230多万人加入郭明义爱心团队，广泛掀起了"跟着郭明义学雷锋"的热潮。

他把走雷锋道路作为自己的人生选择，甘当矿石，善小而为，追求纯粹，时时处处发挥共产党员的先锋模范作用，矢志不渝地传承雷锋精神，被中央文明委授予"当代雷锋"称号。2010年8月1日，胡锦涛对郭明义同志的先进事迹做出重要批示。2014年3月4日，习近平给郭明义爱心团队回信。

思考与练习

1. 你是如何理解新时代的劳动精神的？
2. 你是如何理解劳模精神的？请举例说明。
3. 你还知道哪些劳模的故事？

活动与训练

讲述劳模故事，颂扬劳模精神

2020年春，一场突如其来的新冠肺炎疫情肆虐全国，举国上下万众一心，众志成城抗击疫情。在这场疫情防控阻击战中，医护人员等"战士"冲锋在前，在人民与病毒之间砌起高墙，在没有硝烟的战场上冲锋陷阵；纺织、保障供应等行业的劳模"战斗"在后，他们立足岗位，以行动支援前线……

请以班级或院系为单位，围绕新冠肺炎疫情中涌现出的各行各业的劳模事迹，举办一场"记新冠肺炎疫情之劳模故事会"，讲述他们的故事，感受并颂扬他们的精神。讲述的形式可以是单个故事讲述或串讲故事，也可以是配乐诗朗诵、小品等。

过程记录

确定参与故事会的形式:

准备要点及完成情况:

心得体会:

第四章　劳动教育的实施

📝 学习目标

1. 了解劳动教育的组织形态。
2. 了解劳动教育的自我管理。
3. 理解劳动教育与专业教育的关系。
4. 了解勤工助学劳动教育的相关内容。

📝 课程引入

劳动必修课受质疑：把学生当免费劳动力

某职业院校设置劳动必修课，内容涉及打扫校园清洁卫生、门岗执勤、学校食堂餐盘清理、参与校园绿化维护等。劳动教育直接与学分学时挂钩，每学期上满24学时，才能获得2个学分。

有人质疑这是把学生当成免费劳动力。

对此，学校解释说："这是学校人才培养教育的内容之一，旨在培养学生的劳动意识。"开设劳动必修课，学校不仅没有减少开支、减少后勤人员，还需要拨付专用资金购买服装、劳动工具，安排专门的辅导教师指导课程。

参加劳动教育必修课的小胡表示，平时在家她也会做家务，她觉得劳动课的方式很好，因为其所学专业经常抱着电脑敲代码，课余生活比较单调，参与劳动可以调节生活，在食堂劳动的时候和阿姨聊天也很开心。"昨天我们小组干完活后，拍了大合照，我还主动发给家人看，他们说挺好的。"小胡说。

另外一名同学也表示认同学校将劳动教育安排成强制性课程的决定，自己把这样的课程当成一种体验，加上劳动课程时间不长，在可接受的范围内，既可以锻炼自己的能力，也能体会到劳动的不易。

> **想一想**
> （1）你如何看待该校的劳动必修课？为什么？
> （2）你认为学校开设劳动必修课的出发点是什么？你希望从其中收获什么？

第一节　劳动教育的组织形态

一、课堂学习

这里课堂学习主要是专业技能的学习。专业技能是指大学生劳动技能的核心部分，是与高等教育人才培养方式紧密相关的专业知识、专业思维和专业实践的有机统一。良好的专业技能是衡量学生劳动素养的重要指标，对于帮助学生合理规划职业路径、提升创新创造能力具有无可替代的积极作用。

（一）专业知识

知识是技能的基础，是静态的技能；技能是知识的延展，是动态的知识。与基础教育显著不同的是，高等教育总体上是围绕"专业"而展开的，尽管有不少学校都在强调通识教育，但绝大多数学生在离开校门前都会掌握一种或几种专门的学问，完成一种或几种专门的学业。这种在一定范围内相对稳定的系统化的知识就是专业知识，它不是专业技能本身，但与专业技能之间又存在彼此依赖的密切关系。

1.专业知识是专业技能的基础

人们在认识特定领域事物的发展规律的过程中所形成的知识集合就可以被称为专业知识。这些知识能够表明不同因素之间的关系，揭示某种结果出现的原因，告诉我们现象背后的本质，提醒我们看待事物的科学方式。在课堂上，知识的传授大多是以专业的形式展开的，专业知识构成了学生日后专业技能形成的基本领域和职业方向。因此，学生要在课堂上认真学习专业知识。

2.专业技能是专业知识的延展

专业技能离不开专业知识的传授，需要通过专业知识的学习和积淀才能形成。但专业技能对专业知识的依赖却不是被动的，而是一种主动的应用和积极的延展。一个人是否学过相关专业知识，在从事某项具体工作时的技能水平和实际效果是有明显差异的；而是否能够通过反复实践操练，将所学知识转化为改造事物的专业技能，对专业知识的学习效果同样有重要影响。因此，学生在课堂上要认真学习专业技能。

（二）专业思维

在通过学习专业知识形成专业技能的过程中，一个关键的环节是专业思维的形成。所谓专业思维，就是能够将遇到的问题迅速准确归类的思维。一个人只有用专业的思维方式考虑问题，才有可能在看待事物时具备独特的眼光和与众不同的处理方式，即专业的技能。

（1）基于历史经验的思维。万事万物都是不断变化的，专业也是动态发展的，因而专业思维会表现出明显的历史继承性。今天的专业知识体系正是对过去每一个阶段新知识的累积叠加，当下的专业思维方式也就是对以前的专业思维延续和更新后所形成的。因此，学生在学习过程中要学会用基于历史经验的思维思考问题。

（2）立足现实状况的思维。拥有专业思维的人一般比较清楚自己的能力边界，他们了解事物运行的复杂性和专业知识的有限性，不会觉得自己无所不能，他们看待和处理问题更倚重从现实出发的思维方式。从这个角度看，越是能立足现实进行思考的人，越能清晰地看到自己的优势和不足，从而踏踏实实地扬长避短，在工作中往往表现出越强的专业技能。因此，学生在学习过程中要学会用立足现实状况的思维思考问题。

（3）追求更高更好的思维。专业思维承认专业知识的局限性，但并不会因此囿于当下，裹足不前，而是能够放眼长远，开放心态，乐于倾听，重视专业知识的连续性和专业发展的持续性，清楚地知道自己该做什么和不该做什么，并将失败视为其获得成长的过程。拥有专业思维的人通常都心怀一种使命感，期待在专业领域获得更高的水平，实现更好的效果。因此学生在学习过程中要养成追求更高更好的思维方式。

（三）专业实践

获取专业技能需要专业知识的指导和专业思维的引导，更需要在实践活动中持之以恒地学习、模仿、操作和训练。尽管各院校关于学生专业实践的要求不尽相同，各专业的实践方式也千差万别，但通过多样化的专业实践提升大学生专业技能的目标却是明确的，这也是新时代高等教育阶段加强劳动教育的重要路径之一。

（1）凝练和发挥通用技能和专业技能。通用技能在各种社会活动中有着广泛应用，如计算机基本操作能力、驾驶能力、接待能力、书写能力、口头表达能力等。每一种专业都存在专属的研究范畴，专业技能只有在特定的实践活动中才能获得用武之地。学生在专业实践中要不断凝练和发挥通用技能和专业技能，将工作做好。

（2）培养实干精神和职业专注力。专业知识必须通过刻苦的理论学习才能掌握，强调的是知晓专业；专业思维只有通过积极的思考才能获得，强调的是懂得专业；专业技能则需要在实践活动中反复操练才能拥有，强调的是运用专业。学生要将在校期间所学专业知识转化为创造社会财富的能力，除了对专业本身的认知和理解以外，还需要实干精神，专注于实际工作需要与专业优势的结合，这些都需要进行足够的专业实践训练。

（3）强化创新精神和社会责任感。专业技能最终要通过一个个鲜活个体的劳动过程才能体现出来。任何一种专业技能的形成都是一群人共同钻研并通过一代代人传承创新的结果。因而专业技能既是个人的本领，也是全社会的共同财富。学生在学习过程中要强化创新精神和社会责任感。

二、社会实践

参与社会实践主要指积极参加生产性劳动，学生可以通过积极参加实习实训来实现。

从劳动教育的角度来说，学生从事的生产性劳动更多地体现为实习实训。学生到专业对口的企业单位或者实训车间，在各自的岗位上直接参与生产过程，将所学理论与生产实践相结合，完成一定的生产任务，这是一种体验式、学习式的生产性劳动。其目的是理论联系实际，运用所学专业知识生产出质量合格的产品，练就生存所需的职业技能，顺利实现学校与企业的联通，实现职业技能与企业岗位的良好对接。

实习实训学习内容包括：学习并遵守劳动规则，加强对劳动流程、劳动标准、劳动检查等相关制度的学习；掌握专业技能，熟悉多种劳动岗位职责，关注新技术的发展和运用，培养创新意识，拓展职业技能，能适应跨专业的、不断变化的职业劳动任务，为将来步入社会后做一名复合型人才做好准备；参与生产过程，体会劳动的辛苦，树立会劳动、懂劳动、热爱劳动的劳动理念；践行并弘扬劳动精神、劳模精神、工匠精神，提升职业核心素养，提高自身的市场竞争力。

三、劳动竞赛

学校生活劳动是指学生在校园内开展的日常性劳动，主要包括打扫宿舍卫生、校园保洁、教学区卫生、绿化美化等。宿舍、教室和校园是学生生活和学习的地方，宿舍和校园卫生需要每个人清洁和维护。学校经常会举行一些劳动竞赛，如文明卫生校园评比活动、最美宿舍评比等，学生要积极参加此类活动，培养自己的劳动素质。

（1）培养正确的劳动观。发展经验和实践证明：劳动教育是培养造就全面发展人才的必要条件，也是基本途径和有效途径。参加劳动竞赛能使学生树立正确的劳动观点和劳动态度，有助于培养学生的劳动技能，使其养成热爱劳动的习惯。

（2）养成良好的劳动习惯。在职业教育发展进入内涵提升、谋求跨越式发展的新时期，通过劳动竞赛，学生可以掌握必备的生活技能和劳动技能，提高动手能力和实践经验，进一步养成劳动习惯。

（3）增加认知。学生参加劳动竞赛，可以体会到劳动不只是简单地打扫卫生、洗衣清洁，更可以从劳动实践中感悟劳动教育的意义，用身体丈量物理世界和心灵世界。

（4）培养团队精神。团队精神是团队成员在群体行为中体现出来的意愿、品格和作风，劳动竞赛是孕育团队精神的土壤，学生在劳动竞赛中各司其职，互相配合完成任务，有助于培养其团队精神。

（5）有助于步入社会。通过劳动竞赛，学生可以更好地了解社会、走进社会和适应社会，学会关怀社会和尊重差异，为成为合格的社会人、中国公民和世界公民做准备。

四、社会公益劳动

在新时代、新形势下，学生要掌握社会技能，在所处的家庭与学校、工作（实习）环境、乡村与社区等环境中做到游刃有余，利用自己的知识与相关技能奉献社会。实现这一目的重要的方法就是参加社会公益劳动。参加社会公益劳动可以使学生正确认知世界、理解社会，使学生形成尊重他人、帮助他人、服务社会的意识，培养、提升其创新创业技能。学生参加的社会公益劳动主要是志愿服务。

2013年，共青团中央这样定义"志愿服务"：志愿服务是指志愿者不以物质报酬为目的，利用自己的时间、技能等资源，自愿为国家、社会和他人提供服务的行为。

志愿服务遵循自愿、无偿、平等、诚信、合法的原则，提倡奉献、友爱、互助、进步的精神。根据实际情况，共青团中央在《中国注册志愿者管理办法》中界定的志愿服务类别有扶贫济困、助老助残、社区服务、生态建设、大型活动、抢险救灾、社会管理、文化建设、西部开发、海外服务等。志愿者是怀有慈心善念，且知行合一、无偿提供志愿服务的人。

志愿服务参与者的动机具有多元性、综合性的特点，与个人的价值观追求、个人与社会的需要、心理素质的锻炼与提升、职业技能经验的学习与成长等有关。具体而言，学生践行社会志愿服务，是希望展现实践能力，感受劳动精神；在大灾大难面前涵育公共服务意识和奉献精神；是希望通过到社区、福利院及其他社会场所进行志愿服务，以得到知识的更新、技能的提升和美德的修习。

社会志愿服务是能给人们带来幸福感的劳动。在现实世界中，不同的幸福观会有不同的幸福追求。学生要把握自己的优势，诚实劳动，以自己的技能专长造福他人，获得他人尊重。从事社会志愿服务，可以实现个体幸福与社会幸福的和谐统一。

职业院校学生作为我国青年志愿者群体的重要组成部分，对志愿者工作的有序开展有着积极的作用。学生志愿服务的内容广泛、形式多样，主要就是指大学生群体在日常生活中，结合自身的所感、所想、所学，自愿走向社会，为社会提供服务的自觉性活动。学生群体热衷于社会的公益事业发展，具有较高的思想道德觉悟，同时能够在学有余力的情况下合理安排时间，进而开展志愿服务工作。通常情况下，学生志愿服务主要包括寒暑期支教、志愿者

担当、关爱老人服务、科教文卫"三下乡"活动、国家最新政策普及等方面，这些都是学生志愿服务的内容，都为社会的进一步发展奠定了重要的基础。

第二节 劳动教育的自我管理

一、自我管理的含义

自我管理是自我意识的一部分，是指个体为了达到预定的目标，将自身正在进行的实践活动过程作为对象，不断地对其进行积极、自觉的计划、监察、评价、反馈、控制和调节的过程。

自我管理具有以下几个特征：

（1）能动性。能动性即个体自主地、独立地、自觉地从事和管理自己的实践活动，其最终目的就是保证个体主观意志的实现。

（2）反馈性。自我管理是建立在信息反馈基础上的控制，而自我管理中反馈的水平更高。因为自我管理要求个体不断去获取关于自身实践活动系统各要素变化情况的有关信息，监察整个活动的过程与效果。而且，由于反馈的主体与客体为同一个体，因此自我管理中的反馈表现出很强的连续性和循环性。反馈性是自我管理的基本特征之一。

（3）调节性。根据反馈回来的信息和预期的目的，修正、调整自身下一步的实践活动。调节性也是自我管理的基本特征。

（4）迁移性。迁移性即从某一个领域获得的知识和技能可适用于另一领域的知识与技能的特征。由于个体对不同类型的实践活动进行管理、调节的实质是相同的，因此在任何一种活动中，自我管理都具有广泛迁移的潜在可能性。

（5）有效性。从某种意义上说，自我管理就是采取各种调控措施，使自己的实践过程达到最优化，因此，它具备有效性特征。自我管理的有效性除了表现出对当时实践活动的即时效应外，还表现出一种长时效应。

二、自我管理的内容

自我管理的内容包括社会公德、职业道德和家庭美德等做人的基本准则。同样，做事要有一定的行为规范，要知道哪些行为是对的，哪些行为是不对的，这都是自我管理的重要内容。概括地讲，自我管理的内容有四个方面。

（一）行为品德和行为素养管理

做个有责任心、有爱心的人，做到在家孝敬父母，在外尊老爱幼，在工作中爱岗敬业。

（二）行为规范管理

养成自觉遵守行为准则的习惯，包括遵纪守法、遵守社会公共秩序等。

（三）日常生活、工作习惯管理

大中专院校学生在日常生活中应注重细节管理，如什么时间休息，什么时间学习，什么时间工作等。在管理过程中要牢记几个关键词：时间、质量、效率和规律。

（四）自我能力管理

个人能力是人生存和发展的基石与支柱。自我能力管理的内容主要包括自己的长处和不足，要做到扬长避短，知道自己应该学习些什么才能更有利于个人能力的提升和职业生涯的发展。

三、进行自我管理所需的素质和能力

人们要管理好自己，需要具备一定的素质和能力。不仅要知道管什么，怎么管，还要知道具备什么素质和能力才能够管好。具体来讲，自我管理所需的素质和能力主要包括三个方面。

（一）学习意识与学习能力

学习是永恒的话题，学会自我管理，首先要学会向书本学习、向实践学习、向典范学习。学习不能只停留在表面上，要变成自己的行动。另外，还要不断发现自己的优势，提升自己的正能量和内在动力，提升自我管理的自信心。

（二）敢于客观评价自己

自我管理是扬长避短的过程，只有克服自己的不足，才能管理好自己。首先要有敢于面对自己不足的勇气，能够接受批评和自我批评，常常反省，知错就改。其次还要善待自己，正确面对并解决生活中的不如意，摆脱浮躁，消除郁闷，保持一颗清静的心。客观评价自己的目的是完善自己、提升自己，切忌出现由于错误的自我评价而意志消沉的现象。

（三）将行动落到实处

落实行动可以从三个方面努力：一是培养执行意识，将立即行动转化为日常行为习惯；二是做事要有目标、有计划，注重工作细节，事后要反思总结，将计划变成自我管理的有效工具；三是学会自我激励，如总结优点，分析原因，不断发扬优点，从而增强自己的自信心。

四、提高自我管理能力的原则

（一）目标原则

生涯规划的实现，需要强有力的自我管理能力。有目标的人和没有目标的人是不一样的，两者在精神面貌、拼搏精神、承受能力、个人心态、人际关系、生活态度上均有明显的差别。大中专院校学生应及早确定生涯目标并坚定不移地为之奋斗，多年后才不会后悔。

（二）效率原则

浪费时间就等于浪费生命，这个道理谁都懂。但是，我们每天至少有1/3时间做着无效工作，在慢慢地浪费自己的时间和生命。所以，要分析、记录自己的时间，并本着提高效率的原则，合理安排自己的时间，在实践中尽可能地按计划贯彻执行。

（三）成果原则

自我管理也要坚持成果优先的原则。做任何工作，都要先考虑这项工作会产生什么样的效果，对目标的实现有什么样的效用。这是大中专院校的学生安排自我管理工作顺序的一个重要原则。

（四）优势原则

人无完人，每个人都不可能消灭自己全部的缺点而只剩下优点。充分利用自己的长处、优势积极开展工作，从而达到事半功倍的效果，这是自我管理的一个非常重要的原则。

（五）要事原则

做工作要分清轻重缓急，重要的事情先做。在ABC法则中，我们把A类重要的工作放在首先要完成的位置。在自我管理中，A类重要的工作就是与实现生涯规划密切相关的工作，要优先安排，下大力气努力做好。

五、时间管理

（一）时间管理的概念

时间管理就是对时间的控制，是为了提高时间的利用率而对时间进行合理的规划和运筹的管理过程。时间管理同其他资源管理不同，时间资源的特殊性决定了既不能对它开源，也不能对它节流。事实上，时间管理的对象并不是时间本身，而是管理时间的人，时间管理的本质是通过管理时间的人树立正确的时间价值观，增强时间意识，提高规划、分配时间和监控时间利用的能力，达到在有限的时间内完成更多工作的目的。

时间管理

（二）时间管理的内容

时间管理就是克服时间浪费，为时间的消耗而设计一种系统程序，并选择一切可以利用的科学方法和手段，以使结果向预期目标尽量靠拢。它包括以下几项内容：

（1）做某事之前，确定使用多少时间。

（2）利用分割与集中的方法增加自由时间，进行合理利用。

（3）总结时间的利用情况，找出浪费时间的缘由并予以克服。

（4）用定时定量的方法控制时间。

（三）时间管理的常用理论和工具

在职场工作中，常使用的时间管理理论和工具有四象限法则、ABC时间管理法和二八定律等。

1.四象限法则

著名的管理学家科维提出了一个时间管理的理论，他把工作按照重要和紧急两个不同的维度进行划分，基本可以分为四个象限：紧急不重要的事务、重要且紧急的事务、重要不紧急的事务、不重要不紧急的事务。

（1）优先级A：重要且紧急的事务。危机和紧迫情况、有着最后期限的项目或亟待解决的重要问题，必须立即做（如赶火车、乘飞机、上课、考试等）。大多数人会首先应对优先级为A的事务。要完全消除危机是不可能的，但是可以通过预先安排来减轻危机的程度，也就是需要将它变成优先级B的事情。许多优先级A的情况之所以会出现，是因为我们未能预见优先级A并对其做出计划。

（2）优先级B：重要不紧急的事务。这类事务包括学习、锻炼身体、提升技能等。通过预测危机和提前进行计划，优先级A的很多情况可以变成优先级B而被提前妥善处理。

（3）优先级C：紧急不重要的事务。这类事务包括处理邮件和信息、参加社交活动、处理他人的紧急请求等。确实有为数不少人在优先级为C的事务上花费了太多的时间，因为这些事情无论是看上去或是感觉上都很"紧急"。一般来说，处理这些问题比静下来处理更为重要的问题容易得多，这样一来，有些人就会让优先级B的工作一直积压着，直到变成危机。

（4）优先级D：不重要不紧急的事务。这类事务包括闲聊的电话、外界的干扰、鸡毛蒜皮的琐事。如果在优先级D上花费了绝大部分时间，那就需要仔细反思工作方式了，需要问问自己为什么会浪费这么多时间。浪费时间的罪魁祸首是拖延、缺乏信心和缺乏指导。

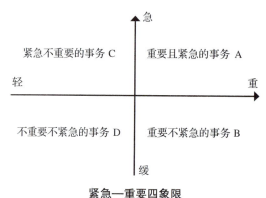

紧急—重要四象限

2. ABC时间管理法

美国管理学家莱金建议为了有效管理和利用时间，每个人都需要为自己定下3个阶段的目标，即长期目标（今后5年欲达到的目标）、中期目标（今后2~3年达到的目标）、短期目标（现阶段要达到的目标）。将各阶段的目标分为A、B、C 3个等级，A级为最优先（必须完成的）目标，B级为较重要（很想完成的）目标，C级为不重要（可暂时搁置的）目标。建立长、中、短期目标的优先次序很重要，因为管理者往往没有足够的时间去了解任何一个阶段所有的目标。使用ABC时间管理法，可以帮助管理者对紧急、重要的事件立即做出判断，提出处置措施，提高工作效率，见下表。

ABC时间管理法

等级	工作比例	特征	管理要点	时间分配
A级	占工作总量的20%~30%	1.重要 2.一般迫切 3.后果影响不大	1.重点管理 2.必须做好 3.现在就做 4.亲自去做	占总工作时间的60%~80%
B级	占工作总量的30%~40%	1.重要 2.一般迫切 3.后果影响不大	1.一般管理 2.最好亲自去做 3.可以授权别人办理	占总工作时间的20%~40%
C级	占工作总量的40%~50%	1.无关紧要 2.不迫切 3.影响小或无后果	均不必管理，可以授权	不占工作时间

3.二八定律

1897年，意大利经济学者帕累托偶然注意到19世纪英国人的财富和收益模式。在调查取样中，他发现大部分的财富流向了少数人手里，同时，他还发现一件非常重要的事情：某一个族群占总人口数的百分比和他们所享有的总收入之间有一种微妙的关系。于是，帕累托从大量具体的事实中发现：社会上20%的人占有80%的社会财富，即财富在人口中的分配是不平衡的。由此，人们逐渐发现生活中存在许多这种不平衡的现象，因此，二八定律成了这种不平衡关系的简称，不管结果是不是恰好为80%和20%（从统计学上来说，精确的80%和20%不太可能出现）。习惯上，二八定律讨论的是顶端的20%，而非底部的20%。后人对于帕累托的这项发现给予了不同的命名，如帕累托法则、帕累托定律、80/20定律、最省力的法则、不平衡原则等。种种事例表明，二八定律时刻影响着我们的生活和工作。

六、目标管理

（一）目标管理的定义

目标管理，即企业的最高层领导根据企业面临的形势和社会需要，设定出一定时期内企业经营活动所要达到的总目标，然后层层落实，要求下属部门主管人员根据上级制定的目标和保证措施，形成一个目标体系，并把目标完成情况作为考核的依据。目标管理并不只体现在企业的经营目标上，它在企业管理体系的各个方面都有所体现。

为了使时间管理合理而有效果，我们需要设定清晰的目标。目标越明确，注意力也越集中，我们也会越敏感和越在乎反馈。我们在反思和总结中获得经验、提升价值，从而能更合理地利用时间做更明智的抉择。因此，目标管理的实质也是时间管理。

所设定的目标即使非常正确，若缺乏"标准"，在实际执行过程中也会由于无法测量其达成程度，从而导致监督无法施行，结果仍会出现问题。

所有的目标管理模式通常都具有四个共同的要素，它们是明确目标、参与决策、规定期限和反馈绩效。目标管理通过一种专门设计的过程使目标具有可操作性，这种过程一级接一级地将目标分解到组织的各个单位。组织的总目标被转换为每一级组织的具体目标，即从总目标到各单位目标，再到业务单元目标，最后到个人目标。在此结构中，某一层的目标与下一级的目标连接在一起，而且对每一位员工而言，目标管理都会给出具体的个人绩效目标。因此，每个人对其所在单位的成果贡献都很关键。如果所有人都实现了他们各自的目标，则他们所在业务单元的目标也将达到，而组织总目标的完成也将成为现实。

（二）目标管理的常用工具

1.思维导图

制定目标时常会用到思维导图。绘制思维导图是一种创造性思考方式，它能够帮助人们围绕某一主题进行思考。绘制思维导图的技术简单易行，每个人都可以按照自己的方式运用这种技术，但切忌生搬硬套。绘制思维导图的具体步骤如下：

（1）准备一张白纸，越大越好。再准备一些彩色笔（并非一定要彩色的，但是彩色笔效果更好）。

（2）在白纸的中央写下思考的主题（如我的理想生活）并用圆圈圈起来。

（3）从思考主题引出一条线并在末端标注文字（关键思路），如职业、居所、关系等，并将文字用圆圈圈起来，再从关键思路上引出支线，这些支线代表了来源于关键思路的想法。每个想法都用一条线表示，如从"关系"线出发的引线及标注可能会有"爱人""同事""孩子"等大分支。

（4）用箭头、颜色和符号将分支或线连接起来。经过对各个分支的认真思考和记录，便可以得到一幅完整的思维导图。

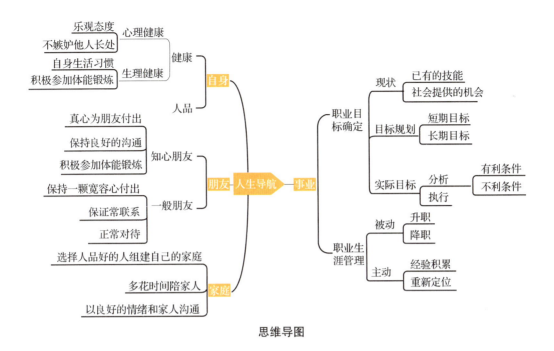

思维导图

2. "5W1H"法

"5W1H"是由下面6个英文单词的首字母组成的：什么（What）、为何（Why）、何时（When）、哪里（Where）、谁（Who）、怎样（How）。

"5W1H"法的应用步骤如下：

（1）通过问4个W和1个H来考虑问题：发生了什么（What）？发生在哪里（Where）？关系到谁（Who）？何时（When）发生的？怎样（How）发生的？

（2）收集到以上这些事实资料后，再追问余下1个W——为什么（Why），即"4个W和1个H"为什么（Why）会发生。

（3）然后再次追问"为什么（Why）"来区分表面假象和真正原因。不停地问下去直到有答案，这也可以被称为"W-W"分析。

第三节 劳动教育与专业教育

专业教育是要求执业人员具有从业必备的专业学习背景，所在学校及所学专业的办学条件、课程设计、教学过程、教育质量都达到一定的标准，才能培养出所谓接受过专业教

育的人才。

劳动教育与专业教育具有内在一致性和统一性。一方面，专业教育课程学习本身就是一种脑力劳动，学习的过程本质上也是一种劳动教育；另一方面，专业教育的最终目标也是满足劳动的根本需要。特别是在职业院校的各类专业教育课程中，有不少课程具有丰富的劳动属性和劳动指向。

经济的腾飞离不开千百万能工巧匠，社会的进步离不开数以亿计的高素质劳动者的专业教育，学生应通过专业教育练就过硬的本领，用创新引领未来，用技能成就梦想。

一、练就过硬本领

无数青年成长的事迹充分说明，成功从不偏爱谁，练就真本领、硬功夫，就能打开属于自己的一片天空，就能成就自己的人生梦想。

奋斗新时代，青春正当时。我们身处的新时代，是人人皆可出彩的"大舞台"。可以说，时代为我们施展才华、竞展风采提供了广阔舞台，为我们实现人生理想、创造美好生活打开了宽广空间。

如今，知识更新不断加快，社会分工日益细化，新技术、新模式、新业态层出不穷。这也对我们的能力素质提出了新的、更高的要求。成就自己的人生理想，承担时代的神圣使命，尤需我们努力学习掌握科学知识，提高内在素质，锤炼过硬本领，使自己的思维视野、思想观念、认识水平跟上越来越快的时代发展。

二、用创新引领未来

创新，是人类社会发展生生不息的动力。当今世界，创新已经成为国家发展的动力源，成为民族兴旺的助推器。创新更是时代的主旋律。我们面对的是日新月异的世界，我们从事的是前无古人的事业，创新是掌握民族发展命运的关键之举，是战胜各种风险挑战的制胜之道。

对于个人而言，我们要与时俱进、开拓创新，努力抓住发展的机遇，不断开创国家各项事业的新局面；要不断在实践中探索前进，永不自满，永不懈怠，努力使工作体现时代性，把握规律性，富于创造性；要充分发挥敢想、敢闯、敢为天下先的精神，努力学习知识，积极增长才干，用创新创造为深化改革增添动力，用新的业绩为科学发展增添活力，使青春的价值在推进民族复兴的伟业中充分彰显。

拓展阅读

培养创新思维能力的5个方法

日常生活中，我们可以用以下5个方法培养自己的创新思维。

用"求异"的思维去看待和思考事物

我们在学习、工作和生活中要多去有意识地关注客观事物的特殊性，不拘泥于常规，不轻信权威，以怀疑和批判的态度对待一切事物和现象。

有意识地从常规思维的反方向去思考问题

面对新的问题或长期解决不了的问题，不要习惯于沿着前辈或自己长期以来形成的、固有的思路去思考问题，而应从相反的方向寻找解决问题的办法。

用发散性思维看待和分析问题

发散性思维是创新思维的核心，其过程是从某一点出发，任意发散，既无一定方向，也无一定范围。

发散性思维能够产生众多可供选择的方案、办法及建议，能提出一些别出心裁、出乎意料的见解，使一些似乎无法解决的问题迎刃而解。

主动地、有效地运用联想

任何事物之间都存在着一定的联系，这是人们能够采用联想的客观基础，因此联想最主要的方法是积极寻找事物之间的关系，主动地、积极地、有意识地去思考它们之间的联系。

学会整合，宏观地去看待事物

我们很多人擅长的是"就事论事"，或者说看到什么就是什么，思维往往会被局限在某个片区内。整合就是把对事物各个侧面、部分和属性的认识统一为一个整体，从而把握事物的本质和规律的一种思维方法。

三、用技能成就梦想

党的十八大以来，党和国家高度重视职业教育，经费投入大幅增加，职业院校的办学条件明显改善，发展环境不断优化。职业教育迎来了前所未有的发展黄金期，一个世界上规模最大的现代职业教育体系框架已经基本建成，站在这一起点上，我们应该顺应时代潮流，以高素质劳动者和技术技能人才为目标，培育自身精益求精的工匠精神和爱岗敬业的劳动态度，为"中国智造""中国创造"而努力，为当前职业教育承担的时代使命而奋斗。

第四节 勤工助学劳动教育

所谓勤工助学,即"勤以工作、俭以求学",指的是一边工作,一边过着节俭生活的求学历程,现多指学生利用课余的时间,通过自己参加社会实践的劳动,运用所学科学知识、专业才能等为用工单位提供智力与体力服务。勤工助学是体力和智力投入的过程,不论是更侧重于体力的投入,还是更贴近专业、能够充分发挥专业所学所进行的智力投入,都属于勤工助学的形式。而后者,可以说是勤工助学的更高级形式。

一、勤工助学相关政策要求及权益保护

(一)活动管理

学生在学有余力的前提下,向学校提出勤工助学的申请,接受必要的勤工助学岗前培训和安全教育,再由学校统一安排到校内或校外的岗位上进行勤工助学活动。学校不得安排学生参加有毒、有害和危险的生产作业以及超过身体承受能力、有碍健康的劳动。任何单位和个人未经学校同意,不得聘用在校学生打工。

(二)劳动报酬

学生参加校内固定岗位的勤工助学,其劳动报酬由学校按月计算。每月40个工时的酬金原则上低于当地政府或有关部门制定的最低工资标准或居民最低生活保障标准,可以适当浮动。学生参加校内临时岗位的勤工助学,其劳动报酬由学校按小时支付。每小时酬金原则上不低于8元人民币。学生参加校外勤工助学的酬金标准不低于学校所在地政府或有关部门规定的最低工资标准,具体数额由用人单位、学校与学生协商确定,并写进聘用协议。

(三)权益保护

学生在开始勤工助学活动前应当与有关单位签订协议,以保护自身的合法权益。学生在进行校内勤工助学前,应当与学校的学生勤工助学管理服务组织签订具有法律效力的协议书。学生在进行校外勤工助学前,应当与代表学校的学生勤工助学管理服务组织、用人单位签订具有法律效力的三方协议书。协议书应当明确学校、用人单位和学生三方的权利和义务,意外伤害事故的处理办法以及争议解决方法。

二、勤工助学岗位类型

勤工助学岗位分固定岗位和临时岗位。

固定岗位是指持续一个学期以上的长期性岗位和寒暑假期间的连续性岗位；临时岗位是指不具有长期性，通过一次或几次勤工助学活动即可完成任务的工作岗位。

岗位类型主要包括管理助理、教学助理、科研助理和兼职辅导员等，学生可通过学校网站查看相关信息。

知识链接

勤工助学受聘对象及要求

（1）在校在册的家庭经济困难学生。

（2）能自觉遵守国家法律和学校各项规章制度，道德品质良好，吃苦耐劳，责任心强。

（3）学有余力，课余时间比较宽裕。

（4）前一学期受过纪律处分或两门以上课程成绩不合格者，原则上不安排上岗。

（5）每个学生只能应聘一个岗位。

三、正确认识勤工助学

（一）勤工助学对象是贫困生

随着新的收费制度的实行，大中专院校中贫困、特困学生逐年增多。这部分学生主要来自农村、边远山区等。其中很多学生来自多子女上学、双下岗工人、父母年迈、亲人重病（或残疾）或单亲的家庭。大中专院校开展的勤工助学是帮助贫困学生解决学费和日常生活花销的有效途径，贫困学生可以通过勤工助学解学上学问题，产生求知的希望。学生通过勤工助学感受到自己的付出与收获，同时可以增强自立自强意识。这对于他们今后的成长成才、社会的安定有序，甚至国家的长久发展都是有利的。由此可见，大中专院校勤工助学工作的开展，针对的是有切实需求的贫困学生。有需要的学生可以按照正常程序进行申请，而能够解决自己学费、生活费等资金问题的学生应该将勤工助学的名额留给真正有需要的同学。

（二）提供实践平台以拓展知识

学生求知途径有两种：一种是从书本中间接获得，一种是直接来自社会实践。而勤工助学提供的岗位，就是提供了一个社会实践的平台，有知识拓展的功能。其一，勤工助学可以优化知识结构。大中专院校课程专业性强，学生主要围绕本专业进行学习。因此，学校课程不可能涵盖所有方面，涉及所有领域。社会的变化永远比书本的理论知识更新得更快，所以，最新最快的知识只能是在实实在在的实践中获得。勤工助学可以使学生直接投身于丰富的现实生活，与现实社会有一定的接轨，并从中获得书本中没有的知识。所以，学生在勤工助学中要意识到这个平台为自己创造的价值，要在获得金钱的同时珍惜投身实践的机会。其二，在勤工助学中，个人知识领域得到延伸。学生进行勤工助学所接触到的工作，对于他来说是一个知识领域，可以获得知识，得到锻炼的机会。其三，勤工助学可以实现学生理论知识和实践的相互转化。参加勤工助学，学生把个人从书本上学习到的理论知识融入勤工助学，从而完成由感性到理性的转化。学生一定要正确看待勤工俭学这个平台。它不仅仅是社会实践，还是理论的客观运用，在勤工助学过程中必须结合自己的主观和客观需求，认真思考勤工助学的初衷和延伸的意义，发挥学校给予的这个勤工助学机会的最大价值。

（三）学生对勤工助学的认识有待提高

大中专院校勤工助学工作日益得到社会、学校和家庭的重视。勤工助学的帮扶功能和育人的意义也正在为广大学生和学校所接受。大中专院校勤工助学的实行，在一定程度上可以解决贫困学生的日常生活问题，并在一定程度上有益于学生的身心健康。但是，勤工助学在实行的过程中同样面临一些问题，主要表现为对勤工助学的认识问题。大中专院校中大部分学生对于助学的意义是有明确认识的，特别是贫困生。他们通过申请学校的勤工助学岗位，参加勤工助学活动，用实际行动克服经济困难。但是有一些学生在勤工助学目的和行动上对勤工助学的认识存在偏差。他们认为勤工助学就是为了赚钱。这归根到底还是学生对于勤工助学的目的认识不够。

对于上述问题，学生要有一个正确的认识。学生在勤工助学时要将自己的专业学习、能力培养、务实精神和成长成才要求紧密结合起来，时刻谨记在校园内自己的第一身份是学生，相应地，第一任务是学习。

四、学生要正确处理勤工助学与学习的关系

（一）合理选择和安排勤工助学

学生打算参加勤工助学，应该合理地安排自己的学习，有意识地选择能够锻炼自己的工作，不与正常上课学习时间冲突。学生参加勤工助学是应当鼓励的，但是要坚持以学习为主、锻炼能力、提高本领的原则。在时间安排上，不能影响课堂的学习，在助学认识上，正确认识自己勤工助学的目的，清楚学习和助学之间的关系。在大中专院校，参加类似于勤工助学这样的活动是有可能得到锻炼自己的机会的，但是一定要根据个人情况来决定是否申请勤工助学。申请并得到勤工助学机会后，要规划好自己的时间，合理安排学习时间和其他的活动，这其实也是对学生管理自己事务能力的一次培养。

（二）珍惜在校时间主攻学习

学生在校的学习主要还是学习理论知识和实践经验。现在的教育资源给学生提供实践体验的机会较少，除了部分实践性质的专业外，其他文科专业基本很少实践。而缺少实践

导致了学习效率低下，要解决这个问题，勤工助学是一个不错的途径。学习与勤工助学是主次关系，应着重把握主要矛盾，抓学习这个重点，抓学习这个中心，当然又不能忽视勤工助学对贫困学生上学困难问题的解决，要统筹兼顾。勤工助学对学习是有一定影响的，关键在于学生怎么平衡两者之间的关系。

学生通过勤工助学能够有机会将书本的理论知识运用于实践，通过实践又检验书本理论知识的缺陷，这样一来对学生也是有利的。通过勤工助学，他们既可以获得相应的报酬，又可以学到不少东西。但是要谨记：学习是基础，实践是根本，理论服务于实践，实践是理论的来源，二者缺一不可，始终都是要相互促进的。

（三）理论与实践相结合培养综合能力

社会到底需要什么类型的学生，不同的用人单位有不同的录用标准。总的来说，用人单位最看重的还是综合素质，其中，专业知识水平又是首要因素。但是对学生实际学习状况的考查又不能单纯地通过在学校的考试分数和名次来衡量，而要更重视学生的实际水平和专业知识的应用能力。

从个人适应社会的角度来看，现代社会是一个学习型的社会。基于当前的就业形势，仅有学历还是远远不够的，用人单位早已认识到员工工作能力的重要性，而工作经验和工作能力主要是靠实践来获得的。勤工助学是一个既可以让学生安心学习书本知识的途径，又是一个调节学生心理的机会，更是一个学生锻炼自己的平台。学生要更好地适应未来的社会，必须好好学习自己的专业课，在学好专业课的同时适当参加勤工助学来锻炼自己的能力、提高自己的素质。

🖊 思考与练习

1. 你认为自己该如何进行自我管理？
2. 你所在的学校有勤工助学活动吗？你认为勤工助学能给自身带来什么？
3. 劳动者有哪些权利和义务？

🏠 活动与训练

一、活动主题

励志青春，自强人生。

二、活动宗旨

青春犹如燃烧的火焰，点燃万般激情；青春犹如跳动的音符，谱写人生的乐章。如此美妙的青春，我们如何诠释呢？让我们用自己勤劳的双手为青春描绘出斑斓的色彩，为绚丽多彩的人生增添一幅画卷。

通过举办此次征文大赛，为学生提供一个尽情抒写心声的机会，繁荣学校勤工助学文化。

三、活动时间

2周。

四、活动主体

全校同学。

五、活动实施

请以"励志青春，自强人生"为主题，写一篇反映学生勤工助学、感恩社会的800～1000字的作文。

第五章　工匠精神的培育

📝 学习目标

1. 了解工匠精神培育的组织形态。
2. 了解工匠精神的养成过程。
3. 掌握工匠精神的自我修炼方法。
4. 了解工匠精神培育的评价体系。
5. 了解具有工匠精神的典型人物。

📝 课程引入

枣庄职业学院：培养具有工匠精神的高素质技术技能人才

习近平总书记在十九大报告中明确指出"弘扬劳模精神和工匠精神，营造劳动光荣的社会风尚和精益求精的敬业风气"。近年来，枣庄职业学院以立德树人为根本，围绕优质学校建设目标，坚持德技并修、工学结合，突出文化素质教育，弘扬中华传统美德，聚焦工匠精神培育，充分发挥枣庄作为中国工匠精神重要发源地的文化品牌优势，深入挖掘鲁班、墨子、奚仲等工匠大师的历史文化资源和时代内涵，实施"工匠精神培育工程"，构建工匠精神培育体系，努力培养具有工匠精神的高素质技术技能人才。

一、更新育人理念，把工匠精神作为新时代职业教育的灵魂

学院通过开展工匠精神大讨论、研讨会、座谈会等，形成了三个共识：一是进一步明确人才目标定位，即把"培养具有工匠精神的高素质技术技能人才"作为学院的人才培养目标。二是转变育人理念，把工匠精神作为新时代职业教育的灵魂，贯穿人才培养的全过程。三是明确办学特色定位，努力打造工匠文化特色品牌。

二、加强文化引领，把工匠精神刻进学生的心灵

1.用精神文化涵养工匠精神

一是通过"一训三风"主题设计活动凝练学院精神，形成了"尚德尚能、励志励学"的校训，"至诚至善、唯实唯新"的校风。二是专门成立了马克思主义学院，将社会主义

核心价值观与工匠精神有机结合。三是组织编写《走进枣庄学工匠精神》校本教材，联合中国人民银行枣庄支行开设现代征信学课程。四是定期开展工匠精神主题宣讲会、主题班会、专题讨论会等活动，举办工匠精神大讲堂、"弘扬工匠精神"校园摄影展、工匠精神征文大赛。五是成立了工匠精神研究会，编写大学生人文素质教育教材6部。

2.用物质文化熏陶工匠精神

一是实施工匠文化景观提升工程，形成"六园六路一广场"工匠文化主题景观，让师生置身于校园的每一个角落，都能切身感受以工匠精神为内核的物质文化的熏陶。二是建立鲁班工坊、墨子创客空间、奚仲创新工作室。三是联合市博物馆共建工匠文化博物馆，以枣庄地区北辛文化为起点，以奚仲、鲁班、墨子等古代工匠大师为代表性人物，整理地方工匠文化发展脉络，打造中国工匠文化展示传播基地。

3.用制度文化塑造工匠精神

一是通过现代大学制度建设，引领现代工匠精神塑造，完善学院章程，在制定、实施校规校纪等各项规章制度过程中，推动科学、规范、严谨、细致的工匠精神培育。二是实施"书院制"素质教育培养模式。三是积极引入行业、企业的管理体制、规章制度和操作规范，通过建立OKR管理、6S管理及目视化管理等制度，让学生养成严谨细致的工匠精神。

4.用行为文化引领工匠精神

一是成立了工匠文化社团，开辟工匠精神校报专栏，开展"工匠杯"创新创业大赛和科技文化艺术节。二是探寻工匠文化融入学生日常行为的有效模式，弘扬"劳动光荣、技能宝贵、创造伟大"的时代风尚，营造人人皆可成才、人人尽展其才的良好环境。三是在社会服务中积极发扬工匠精神，通过顶岗实习、"三下乡"、志愿服务活动，让学生锻炼能力，增长才干。

三、创新培养模式，将工匠精神培育贯穿教学全过程

一是探索并构建了"政校企行联动，课岗证标贯通，做学教赛一体"的人才培养模式。二是根据新的人才培养目标，全面修订人才培养方案，在人才培养方案中植入工匠精神培育指标，课程体系中融入工匠精神内容，使学生从一开始就明确培养目标，让工匠精神扎根心中。三是深化教学改革，始终坚持对接最新职业标准、行业标准和岗位规范，紧贴岗位实际工作过程调整课程结构、更新课程内容，用严格的职业标准锤炼技能，培育工匠精神。四是把工匠精神渗透到公共课教学、专业教学、实习实训、就业指导和考核鉴定等教学活动中，在教学的各环节中突出"德技并修"的工匠之"德"，加大"匠德"的训练和考核力度，使学生在潜移默化中感受工匠精神，精益求精地完成学习任务。

四、搭建实践平台，让学生在实践中传承和弘扬工匠精神

一是校企合作平台。学院以现代学徒制试点为突破口，开展"教育型"企业、"教学型"师傅试点，与济南漫博通动画制作公司联合成立漫博通动画学院，与德国萨克森职教集团合作成立中德诺浩汽车学院，举办讲座和现场讲学，发挥行业、企业"老匠人"的传帮带作用。二是技能大赛平台。积极构建"课堂有组赛、期中有单项、期末有综合，积极参加国赛、省赛"的良性运行机制，以奚仲、墨子、鲁班等历史名人给大赛冠名，把培育工匠精神、传播工匠文化渗透到技能大赛之中。三是创新创业平台。学院建设枣庄市大（中专）学生创业园，成立创新创业指导中心，引入枣庄创业大学，成立了实训生产一体的科技创新中心和创业孵化基地，全面开设创新创业课程。

五、强化保障措施，建立工匠精神培育的长效机制

一是成立工匠精神培育工程工作领导小组，下设培育工程办公室和10个工作组。二是完善学院及系（院）两级的实施培育工程工作机制。三是学院加大投入力度，设立专项资金以满足工程建设的资金需求。四是强化目标管理，加大检查考核力度。五是领导干部以身作则，发挥示范作用。六是加强舆论宣传，营造良好氛围。

> **想一想**
>
> 你认为职业院校该如何培育学生的工匠精神？

第一节 工匠精神培育的组织形态

工匠精神培育的组织形态主要有两种：学校课堂学习和工厂现场培育。

一、学校课堂学习

新时代背景下，大中专院校要将培育工匠精神作为一项持久的、系统的工程，既要有课堂灌输引导下的学生自主学习，又要有课下教育指导下的学习；既要进行理论学习，又要参加实践。

（一）更新思想理念，做好顶层设计

一是学校领导要站在新时代的高度，充分认识工匠精神对于促进职业教育改革发展、实现职教强国的现实意义，坚持以立德树人为思想引领，大力弘扬工匠精神，创新教育教学理念，为培育塑造学生工匠精神做好制度安排。二是要进一步明确人才培养目标，坚持以德为先、全面发展，培养一线需要的高素质技术技能人才。三是要进一步优化办学环

境,激发师生创新活力,大力营造尊崇工匠精神、学习工匠精神的氛围,为广大师生工作学习创造更好的条件,为广大师生人生出彩提供机会。四是要改革完善评价标准。不以合不合格、够不够量作为标准,而以精确、完美、质优、有新意、有价值为要求。

(二)创新校企合作,共建育人平台

校企合作是培育学生工匠精神的有效载体,大中专院校要坚持校企合作、工学结合的办学特色,进一步完善校企合作机制,学习吸纳企业文化,联合企业共建工匠精神培育平台。一是学生感知企业文化,接受企业文化熏陶。二是组建一支由企业高工、一线能手、专业教师融合的工匠型教学团队,通过现代学徒制传递工匠精神。三是校企联合制定激励措施,共同做好学生专业实习工作。四是建立机构,制定制度,加强对校企合作工作的监督管理和指导,保证校企合作工作规范有序实施。

(三)锤炼师德品质,提高教师素质

新时代背景下,大中专院校培育工匠精神就要引导广大教师要做好"教书匠",更要成为"大先生"。一是要以工匠精神武装广大教师。二是要加强对教师的职业培训,既要"走出去",又要"请进来"。三是要加强师德师风建设,引导广大教师以德立身、以德立学、以德施教,秉持工匠精神,以爱岗敬业的操守、精神和以人为本的人文精神去感召学生,做新时代"四有"好教师。四是要大力推进"双师型"教师队伍建设,鼓励支持"双师型"教师成立个人工作室,为培育学生工匠精神提供师资基础。

(四)坚持提升道德素质,加强思政学习

学生把工匠精神作为思想政治学习的重要内容,将社会主义核心价值观与工匠精神有机结合起来。一是要加强职业价值观学习,树立正确的职业理想。二是要在社会主义核心价值观学习中融入工匠精神。学生要走近工匠、感知匠心,学习他们的奉献担当精神,学习他们择一事终一生、一生忠一事的执着专一,学习他们诚信立身、友善待人的良好品质,认识到修身治德在前,修技治术在后。三是要通过思想政治学习,关注技术的发展进步,认识到技术本身包含的美,懂得具备专业技术才是自身安身立命之本,强化专业思想认识;认识到技术和工匠存在的社会价值,懂得只有掌握符合社会发展规律、能够造福于人的创新技术,才是自己专业与人生发展的正确道路,强化对工匠精神的价值认同。四是从"细"处做起,从"小"处着手。

(五)改革课程学习,强化专业实训

一是在专业课程学习方面,通过观看《中国大能手》《挑战不可能》等竞技类节目,培养专业精神和敬业精神。二是参加创新实践活动和专业实训。在企业车间中进行项目实训,扮演好职业角色,特别是要做到实践实训前有准备,实践实训中有任务,实践实训后有检查。三是认真完成课程论文、实践报告和实训项目,以确保实践质量和效果。

二、工场现场培育

工匠精神的养成在培养层面是学场与工场的高度融合，工匠的技艺传承依赖于教师（师傅）的现场授受，教学相长，工学合一，教师（师傅）与学生（学徒）之间、工场与学场之间就会构成一种互相促进的关系。

（一）现场培育的特点

1.实践性

通过理论联系实际，开展多种形式的专业技能训练，掌握相关专业知识，强化对专业技术知识的理解和实际运用，提升专业动手能力和解决实际问题的能力，为高质量就业打下坚实基础。

2.针对性

工场现场实训针对具体的专业知识目标进行科学设置，训练的内容具体、明确、有针对性，学生在专业实训的过程中有目标、有方向，教师能通过专业实训有针对性地了解、发现学生训练中存在的问题和不足，提高专业教育教学质量和水平。

3.自主性

学生是现场培育工匠精神的主体，现场教学客观要求学生主动参与实践性学习的全过程，在教师的有效指导下自主学习、自主实践、自主反思。

（二）工场现场培育工匠精神的方法

1.把工作当成事业

敬业的最高境界是什么？就是把职业当成自己的事业来做。世界上没有一个老板会不喜欢敬业的员工，因为敬业是一种责任，而对待工作的态度就决定了你的成绩。正如德国思想家马克斯·韦伯所说，有的人之所以愿意为工作献身，是因为他们有一种"天职感"，他们相信自己所从事的工作是神圣事业的一部分，即使是再平凡的工作，他们也会从中获得某种人生价值。

2.提升个人素质

学生在平时的工作与生活中，应注重四个方面的提高：一是强化自律意识，提高自身服务能力；二是端正思想态度，提高自身道德修养；三是讲究学习方法，提高自身礼仪水平；四是注重学以致用，提高工作效率。

3.脚踏实地，认真工作

学生要想适应将来的工作，就必须具备明确的工作目标和强烈的责任心，带着激情去工作，踏实、高效地完成自己的本职工作。工作态度在很大程度上能够决定一个人的工作成果，有良好的态度才有可能塑造一个值得信赖的形象，获得同事、上司和客户的信任。

第二节　工匠精神的养成过程及内在逻辑

一、工匠精神的养成过程

（一）以工匠精神引领学生正确"三观"的培养

我国正处在由制造大国向制造强国迈进的过渡阶段，这一时期需要更多的学生参与到创新创业的行动中来。在创新创业的过程中，只有全体成员都拥有高度的责任感和创新意识，发挥团队精神，才能顺利实现由制造到创新的转型。以工匠精神引领学生正确价值观的培养，可以使学生认识到弘扬工匠精神的目的是服务社会，创新创业是追逐梦想的过程，也是服务社会的过程。学生弘扬工匠精神和服务社会的理念，在知行合一的过程中，能够感知社会责任的重大，积极调和个人价值与社会价值之间的冲突，在发展变化的时代逐步建立起正确的价值观。

拓展阅读

"三观"一般是指世界观、人生观和价值观，它们辩证统一，相互作用。

世界观是人们对整个世界的总的看法和根本观点。由于人们的社会地位不同，观察问题的角度也不同，因而形成了不同的世界观，也称为宇宙观。哲学是其理论表现形式。世界观的基本问题是精神和物质、思维和存在的关系问题，对这两者关系的不同回答，划分为两种根本对立的世界观基本类型，即唯心主义世界观和唯物主义世界观。

人生观是指对人生的看法，也就是对于人类生存的目的、价值和意义的看法。人生观是由世界观决定的。人生观是一定社会或阶级的意识形态，是一定社会历史条件和社会关系的产物。人生观的形成是人们在实际生活过程中逐步产生和发展起来的，受人们世界观的制约。

价值观是指人们在认识各种具体事物的价值的基础上，形成的对事物价值的总的看法和根本观点。它一方面表现为价值取向、价值追求，凝结为一定的价值目标；另一方面表现为价值尺度和准则，成为人们判断事物有无价值及价值大小的评价标准。一个人的价值观一旦确立，便具有相对稳定性。对诸事物的看法和评价在心目中的主次、轻重的排列次序，构成了价值观体系。价值观和价值观体系是决定人的行为的心理基础。

（二）以工匠精神塑造学生的职业观和创业观

2015年，中央电视台推出的纪录片《大国工匠》，讲述了8位不同岗位的劳动者匠心筑梦的故事。他们在平凡岗位上执着追求，从而达到职业技能的完美和极致。可见，大国工匠精神在职业观的塑造中极为关键，它折射出从业人员的职业价值观与就业观。大国工匠精神对学生就业也具有指导意义。大中专院校的学生只有拥有了过硬的业务能力与优良的职业素质，才能奠定职业发展的良好基础。

在"大众创业、万众创新"的口号响彻中华大地的今天，大中专院校的学生创业绝不是一件容易的事，尤其在创业的初始阶段，工匠精神应该植根于每一位大中专院校学生创业者的内心深处，只有时刻秉持把产品和服务做精做强的理念，才能在创业中立于不败之地。

（三）以工匠精神培养学生求真务实的良好学风

在今天变革创新的时代亟须大量创新务实的人才。大中专院校要以工匠精神培养学生求真务实的学术精神。一方面，工匠精神有助于学生形成独立自主、踏实务实的学习态度。化被动为主动学习，克服浮躁心态，脚踏实地、深入钻研，积极主动地思考问题。另一方面，工匠精神有助于培养学生严谨的作风和精益求精的品质，能够使学生以追求完美的态度对待自己的学习和生活，并激发对专业的兴趣与热爱。

（四）以工匠精神引导学生形成精益求精、追求卓越的创新精神

工匠精神的深层次含义就是创新。精益求精、追求卓越，本身就包含了不断创新的精神。创新并不是盲目地想象和突发奇想，而是在不断实践的过程中反复打磨而产生的。学习工匠精神，可以使学生在实践的过程中逐渐形成创新思维模式，在生活中注重观察与思考，勇于质疑与批判，大胆地实践，最终化不可能为可能。正是工匠精神的这种敏锐创意、精雕细琢、不断求精的精神支撑，才能使中国实现由制造大国向创新大国的转变。因此，工匠精神应当贯穿学生成长成才的全过程，只有将工匠精神根植于学生内心，并使其转化为学生的习惯和品行，才能使学生更好地为实现中国梦贡献出自己的力量。

二、工匠精神的内在逻辑

工匠精神体现了工匠对自己的产品独具匠心、精雕细琢、精益求精、尽善尽美的坚持和追求，蕴含着严谨、执着、敬业、创新等可贵品质，已经渗透到各行各业的各个环节，具有很强的普适性、针对性和拓展性。

当今世界的发达国家无一不是高度重视工匠精神的，其经济强国的地位都和其产业工人的工匠精神密不可分。工匠精神不仅是劳动者的职业准则，更是政府、企业的金色名片，是一个地方经济发展保持长盛不衰的源源动力。

工匠精神的发扬光大不可能一蹴而就，除了推动企业家追求卓越、生产者耐心坚守、深化职业教育改革和培育职业精神之外，还需要改善社会文化环境，用规则制度引导人们

的行为，需要我们每个人身体力行。

案例

翟筛红的故事

1985年夏天，16岁的翟筛红初中毕业后拜了一位木匠师傅为师，18岁出师，翟筛红学会了埋头苦干，学会了"偷师"学艺。凭着师傅教给的基本功和想要改变自身命运的信念，翟筛红很快成为一名乡间木工好手。翟筛红说："做什么就学什么，走到哪儿就学到哪儿。"他的技艺就是这样在磨炼中不断提升。

翟筛红

1995年，翟筛红成为中建五局装饰公司（以下简称"中建五局"）的一名合同工。工作之余，他不是自己闷头刨料，就是围着别人做好的成品反复揣摩，甚至还借来了《营造法原》这部木工经典著作。半年后，翟筛红就用公司装修废弃的边角料做出了书中一些典型结构图的实物模型。

2006年，在全国首届建筑技能大赛中，翟筛红一举获得精细木工组第一名。翟筛红也由此成为中建五局的一名正式员工。

2015年，中建五局组建了翟筛红劳模创新工作室。在这个新的平台上，翟筛红一边挖掘精细木工传统技艺，一边将传统木工技艺和现代建筑工艺结合，进行技术创新，先后有7项成果获得国家专利。

走近"爱折腾"的新时代工匠徐击水

不同岗位，不同讲述，一样的是感动和鼓舞。他是躬耕行业数十载的荆楚楷模、新时代工匠——武汉奋进电力技术有限公司、武汉奋进智能机器有限公司董事长徐击水。

1995年，徐击水加盟武汉奋进电子仪器有限公司，随后相继创立奋进电力技术有限公司、奋进智能机器有限公司（以下简称"奋进智能"），担任公司负责人及技术研发带头人。

纵观徐击水的创新创业之路，不难理解为何媒体会称其"爱折腾"，更会为新时代匠人刻苦钻研、不断奋斗的精神所折服。

徐击水就读于武汉水利电力学院，毕业后留校做了一名教师。1995年，他毅然放弃了"铁饭碗"，带领几个学生组建武汉奋进电力技术有限公司，走上了创业道路。改变电力行业数十年带电作业工具存放传统的新产品——智能化带电作业工具库房面世。据介绍，全自动智能化库房不仅可有效控制带电作业工具存放环境的温度和湿度，而且可对其进行远程控制。

瞄准行业痛点，徐击水带领武汉奋进电力技术有限公司陆续推出了智能绝缘工具柜、电力配网专用车、带电作业高压水冲洗清洗车、智能配网抢修车、智能库房以及带电作业工具和安全工具等产品。

多年来，该公司不断创新，在行业崭露头角，已完成14项带电作业技术与装备的国内首创，参与制定国家及行业标准8项，拥有相关发明及实用新型专利71个，获得省部级科技进步奖1项。

凭借多年的市场经验和技术敏感性，徐击水觉得要做不一样的机器人，样子不一样的机器人。就这样，奋进智能放下了经营多年的通用机器人，走向全新领域，为不同行业定制机器人，并起了一个响亮的名字——"工匠机器人"，迎来了奋进智能的又一次春天。

徐击水做了大量调研，他将奋进智能的长期战略目标定为"聚焦行业应用，打通机器人产业链，建立行业定制化工业机器人第一品牌"。"互联网+机器人+人工智能"的技术变革为行业带来了希望，利用智能机器人技术传承工匠精神成为可能。

基于生产流程大数据互联环境，智能工匠机器人诞生了——它将匠人的手法和技艺转化成机器人的动作数据库和工艺数据库，严格遵循传统工艺、模仿人工作业，进行定制化结构设计和算法规划，同时集成大量的外部传感器，所有数据传送至云服务器，进行云计算和深度学习。

如此一来，这种机器人就仿佛具有了工匠一样的"眼睛和鼻子""大脑"和"手脚"，能"自我感知""自动进化"和"主动优化"，交互信息、积累经验并精益求精。

（一）让工匠精神入脑入心

各地都有坚持贯彻工匠精神的出色企业及优秀员工，他们都在自己的领域精耕细作、造福社会。我们应大力将这些人的事迹推介出去，更多地向公众传递工匠精神、讲述工匠故事、表达工匠情怀，使工匠精神在各地蔚然成风，让工匠精神引领中国创造。这就要求

宣传文化部门身先士卒，学习工匠的务实与敬业精神，培养和增强自身的看齐意识，脚踏实地践行工匠精神。要实在"学"，要对照"做"，真正把工匠精神内化于心、外化于行；贯彻在宣扬传播的细微处，如切如磋，如琢如磨，孜孜不倦、久久为功，确保工匠精神真正在全社会弘扬开来、落地生根。

（二）使工匠精神成为规制

再好的财富也要靠人来传承，再好的精神也要靠人来弘扬。要发扬光大工匠精神，应建立有效的激励机制，正确引导人们的行为，发挥好工匠人才的作用。通过采取一系列制度性措施，引导培育学生精益求精的行为习惯，形成体现工匠精神的行为准则和价值观念，当务之急是建立健全一整套工匠制度，并渗透到职业教育、技术培训、市场准入、质量监管以及专利保护等各个方面，使精益求精者得到应有的回报，让违法违规者受到严厉的惩罚。

（三）把工匠精神外化于行

对具备工匠精神的人来说，工作不只是眼前的苟且，还有诗和远方。换言之，大凡敬业者，必把平凡的工作当作一种修行，定得住心、耐得住性，摒弃浮躁、务实求真，用责任感，拾工匠心，塑匠人魂。发扬光大工匠精神，是我们每一个人都应该有的文化自觉和价值追求。身为一般的从业者，理应做好本职工作，具有螺丝钉精神，在自己平凡的工作岗位上兢兢业业；需要在价值理念和实践上，从社会和公众的需要出发，日复一日、年复一年地向专业的行家里手和能工巧匠靠拢，用工匠精神锻造出彩人生。

（四）将工匠精神延展出新

现在，全面深化改革创新的力度进一步加大，各行各业的从业者面对当前工作中遇到的新情况、新问题，同样离不开发扬工匠精神。积极扩大工匠精神之外延，主动丰富其内涵，既是时代之需，也是职责所系，更是成长、成才的必由之路。大中专院校的学生应勇于开拓，奋发进取，大胆探索，博采众长，在工作理念、工作机制、工作载体和工作方法上寻求新的突破。

第三节　工匠精神的自我修炼

一、不断学习

践行工匠精神，必须不断学习。学习使人进步，学习使人前进，工匠精神是一种上进的精神，也是一种不屈不挠的奋斗精神，要想自己在职业上有所突破，就必须不断学习，不断进步，在学习中前进，在前进中学习，让学习陪伴自己终身，让学习帮助自己前进。

二、热爱工作

践行工匠精神，必须热爱工作。具有工匠精神的一般都是行业的领军者和佼佼者。作为职场人，必须热爱工作。只有好的工作，才会帮助人进步；只有好的工作，才会帮助人前进；只有喜欢工作，才会用心去奋斗；只有爱工作，才会努力前进。

三、精益求精

践行工匠精神，必须精益求精。作为一个职场人，要想在职场上混出名堂，或者在职场上有所作为，对事对工作都必须要精益求精，因为假如做不到精益求精，就无法在职场中做出成绩，也很难在职场上取得成功。

四、满腔热情

践行工匠精神，必须对职业有满腔热情。热情是一种精气神，对自己的工作，对自己的事业没有热情，就不会想到要去奋斗，因为没有追求，所以无所求。所以职场上的追求就是需要满腔激情，有了满腔的激情，才会为了工作去努力奋斗。

五、严格自律

践行工匠精神，必须严格自律。一个严格自律的人，绝对是一个能力很强的人，因为他能够管控自己的行为，也能够管好自己。在职场上，在生活中，总是会有很多的诱惑，能否抵挡住这些诱惑，就全靠自身的自制力。这种自制力就是自律能力，假如不能自律，生活就会一塌糊涂，职场路也会走得很难。

六、做好自我

践行工匠精神，必须做好自我。工匠，就是一个工作很出色的人；工匠精神，是一种主人翁精神。为了自己的工作，可以拼命做好自我；为了自己的工作，也会严格要求自我。无论自己的能力怎么样，只要能够做到问心无愧，这种状态就是最好的状态，这种方式也是最美好的方式。因为能够在职场上实现自我价值，也能彰显自我能力。

七、与时俱进

践行工匠精神，必须与时俱进。社会在变，人也在变，作为职场人要想不被职场淘汰，就必须学会与时俱进，在前进中成长，在前进中奋进，在前进中实现人生价值，在前进中壮大自我。一个不懂得与时俱进的职场人，只会成为一个随波逐流的人，终究会被职场淘汰。

第四节 工匠精神及其培育的自我评价

一、自我评价的概念及发展规律

自我评价是自我意识的一种形式,是主体对自己思想、愿望、行为和个性特点的判断和评价。

自我评价发展的一般规律是:评价他人的行为→评价自己的行为→评价自己的个性品质。它是自我教育的重要条件。人对自己的思想、动机、行为和个性的评价直接影响学习和参与社会活动的积极性,也影响着与他人的交往关系。一个人如果能够正确、如实地认识和评价自己,就能正确地对待和自理个人与社会、集体及他人的关系,有利于自己克服缺点、发扬优点,在工作中充分发挥自己的作用。实事求是地评价自己是进行自我教育、自我完善的重要途径之一。

人的知识、才能通常处于离散、朦胧状态,需要人们不断地挖掘、发现和开发。每个人从自身兴趣爱好、思维方式的特点、毅力的恒久性、已有的知识结构、献身精神等方面可以做出自我评价。一个心理健康的人对自己能做出恰当的自我评价,他们能体验到自己存在的价值,对自己的能力、性格、优缺点能客观评价;同时,能接受自己的缺点,对自己抱有正确的态度,不骄傲也不自卑。心理不健康的人常缺乏自知之明,对自己的优缺点缺乏正确的评价,自高自大,自我欣赏,还有的则是自我否定,自暴自弃。

二、自我评价的功能

(一)自我功能

自我评价的功能首先表现为自我功能,就是说,它对人的自我发展有着特殊的意义。按照伯恩斯的看法,自我概念对人有着重要的心理作用。这些功能包括保持内在一致性、决定个人对经验怎样解释和决定人们的期望。已经有不少心理学家和教育家对自我评价的这种特殊自我功能有所关注。他们认为,自我评价具有个人行为定向的功能,认为自我评价的自我功能从性质上可以分为两种:积极的和消极的作用。每一种功能如果不能得到正确发挥,就可能产生消极的作用。而自我评价的消极作用将不利于个人的自我发展、自我完善和自我实现。因此,需要通过教育等恰当的方式引导人们的自我评价功能发挥。

自我评价的自我功能至少可以归纳为以下几个方面:

1. 自我发展

自我评价会促使人们进行自我验证，从而为自我发展提供动力。根据心理学的有关研究成果，一旦人们有了自我评价，就会努力确证他们的自我概念。特别是当自我评价是否定性的时候以及跟维护肯定性的自我评价的愿望相冲突的时候，人们就会进行自我验证。自我验证在很大程度上表现为人对自我评价的自我证明。这样的自我验证过程对于主体自身的发展来说会有意义，因为如果主体的自我评价是正确的，自我验证会促使主体去表现自己，通过实践证明自己，而实践可以给主体提供发展的机会。即使主体的评价不正确，通过自我验证的过程也可以提高主体的自我反思能力，在自我反思中主体会得到自我提高。

自我评价在很大程度上还会自我督促，促使主体维持自我的一致性。人们通常会竭力在自己的各种信念和自我评价中间维持一致，不至于彼此冲突，这样就会经常导致人们的自我评价和实际行为之间的差异。因为自我评价一旦形成，人们就容易坚持自己的自我评价，而实际行为却必须符合环境的变化，环境会迫使人们采取的行为跟人们自我评价所预期的行为之间出现区别。也就是说，评价中的自我和行为中的自我不会始终一致。当实际的结果低于人们自以为能够达到的目标时，人们就会感到沮丧、不满意以及产生其他各种郁闷感。当实际的结果低于人们自以为应该达到的目标时，人们就会感到害怕、担忧以及产生其他各种焦虑感。善于自我敦促的人会采用各种方法来减少自我评价和实际行为之间的这种差异。这样就有可能消除自我评价中不正确的因素，从而使自我评价更加正确。在自我评价的意义上，自我发展是指不断提高做出正确自我评价的能力。

2. 自我完善

自我评价有利于主体的自我完善。根据心理学的有关研究成果，当人们形成自我评价之后，有的时候会感到自我评价的某个方面受到威胁（挑战）。在这样的情况下，他（她）就会加倍努力地寻求对这种自我评价的社会承认。

心理学的有关研究成果还表明，自我评价对自我完善的促进作用还表现为它有利于主体的自我提高。人们通过自我评价来进行自我形象管理。为了有效地管理自己的形象，人们会经常自我检查（自我评估），并有意识地对他人关于自己的印象进行管理。也就是说，人们会运用自我提高机制来完善自我，如通过得体的衣着、言语等。同时，这也是为了使他人对自己感觉良好，例如获得他人的恭维，因此自我提高实际上是改善他人对自我的印象。这也反映出，人们的自我评价不是孤立的，而是跟他人的评价密切不可分的。善于自我评价的人会利用他人的评价来反思自己、修正自己的评价，并努力争取让他人对自己给予更高的评价。

（二）社会功能

自我评价不但具有特殊的自我功能，还具有特殊的社会功能，因为它在一定程度上会影响人与人之间的相互关系，也影响一个人对待他人的态度。心理学的研究表明，人会有一种自我评价维护的意识。人们在形成自我评价之后，就会关注别人如何对待自己。人们的自我评价影响着他们跟别人的交往方式。

自我评价还影响对他人的评价。不能正确评价自己的人一般也不大会正确评价别人。而心理学和社会学的研究发现，人们如何评价别人，就会以什么样的方式对待别人。也就是说，人们的评价决定态度。而不同的态度就必然有不同的行为，从而导致不同的人际关系。正如有的研究者所指出的，自我评价与三个因素有关：一个是评价别人，另一个是他人对自己的评价，还有就是他人的自我评价。它们与自我评价一起构成了"自我感觉"的"压力表"。从整个社会的心理健康角度来说，正确的自我评价有着重要的意义：首先，他人评价对一个人的心理有重大影响。其次，评价别人对心理也会有影响。最后，他人对他们自己的评价也对自我评价有心理影响。

自我评价对人生价值选择也有重要的影响。人生的自我评价和人生价值选择有着密切的关系。人生价值包括人生的自我价值和人生的社会价值。"人生的自我价值从本质上说就是人生在世对于人自身的生存和发展的满足；社会的存在和发展是社会的基本需要，人生的社会价值从本质上说就是人生在世对于社会的存在和发展的满足。社会是由人和人的实践活动组成的。个人离不开社会，社会也离不开一个个具体的个人。从社会方面来说，社会需要实质上不过是一个特定环境内人的需要之外化；如果没有人的需要，社会的需要就失去了根据。"一个人的自我评价往往折射出他（她）对人生自我价值和社会价值的认识和态度。从正确树立人生观和价值观的角度来说，没有正确的自我评价是不可能实现的。因为不正确的自我评价会导致主体不正确的自我追求，导致对自己和他人、社会的关系不能加以正确认识，从而导致不能做出正确的人生价值选择。正确的自我评价的社会意义就在于它帮助人成为社会人，有健康人生观和价值观的人，使社会充满了正气。

三、自我评价功能的运用

自我评价既然具有重要的自我功能和社会功能，那么应该考虑如何利用这些功能来为人的发展甚至社会发展服务，以便让这样的功能能够更加充分地得到发挥。这包含两方面的意蕴：

第一，要利用自我评价的正面价值来促进自己的全面发展和社会发展。如上所述，正确的自我评价对自我发展、自我完善、自我实现以及对帮助他人发展都有重要的意义。

第二，要使自我评价的功能得到充分发挥，需要有效地克服自我评价可能的负面作用。心理学的研究表明，人有一种自我提高偏见，又称为自我服务偏见，也就是说，人们会倾向于将成功归于己（自我提高偏见），而不愿对失败承担责任（自我保护偏见）。这有助于保护人们的自我，且使人们确证自己正在实现目标。但是，这种偏见是由不正确的自我评价所导致的。也就是说，自我评价作为人对自己的认识，可能有失偏颇和公允，从而导致对自己的状态和发展趋势不能正确把握。在这样的自我偏见引导下，人的行为自然也会出现偏差。人要通过自我评价来促进自我发展、自我设计、自我实现和自我完善，就必须正确地评价自己。如果不能克服自我评价的障碍，自我评价的功能必然无法充分发挥出来。实际上，自我评价反映了人对自己的态度，不能正确对待自己的人，必然不能正确对待他人。所以，要防止不符合自身实际的自我评价发生。通常，人在自我评价中犯的错误主要表现为自己对自己的偏见。对自我的偏见可能有多种表现形式，主要包括过高或者过低评价自己两种情况。

四、正确地进行工匠精神培育的自我评价

相关研究确定了包括5个一级指标、22个二级指标的工匠精神培育的评价体系，如下图所示。5个一级指标包括知识、人格特征、心智技能、动作技能、通用技能。其中知识包括专业知识和文化基础知识2个二级指标，人格特征包括爱岗敬业、坚韧执着、精益求精、诚实正直4个二级指标，心智技能包括学习能力、分析能力、创新能力、事故处理能力、解决问题能力5个二级指标，动作技能包括生产操作、设备维护、产品检测、安全能力、质量意识、精湛技术6个二级指标，通用能力包括执行能力、协作能力、指导能力、持续能力、沟通能力5个二级指标。

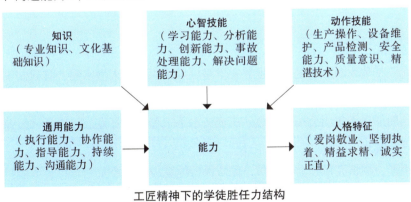

工匠精神下的学徒胜任力结构

学生可以根据上图，逐一对自己在学习、工作中的表现进行客观、公正的评价，从而发现自己的不足，及时改正。

第五节 现代工匠典型人物

一、胡双钱：精益求精匠心筑梦

"学技术是其次，学做人是首位，干活要凭良心。"胡双钱喜欢把这句话挂在嘴边，这也是他技工生涯的注脚。

胡双钱是上海飞机制造有限公司的高级技师，一位坚守航空事业35年、加工数十万飞机零件无一差错的普通钳工。对质量的坚守，已经是胡双钱融入血液的习惯。他心里清楚，一次差错可能就意味着不可估量的损失甚至以生命为代价。他用自己总结归纳的"对比复查法"和"反向验证法"，在飞机零件制造岗位上创造了35年零差错的纪录，连续12年被公司评为"质量信得过岗位"，并被授予产品免检荣誉证书。

不仅无差错，他还特别能攻坚。在ARJ21新支线飞机项目和大型客机项目的研制和试飞阶段，设计定型及各项试验的过程会产生许多特制件，这些零件无法进行大批量、规模化生产，钳工是进行零件加工最直接的手段。胡双钱几十年的积累和沉淀开始发挥作用。他攻坚克难，创新工作方法，圆满完成了ARJ21-700飞机起落架钛合金作动筒接头特制件制孔、C919大型客机项目平尾零件制孔等各种特制件的加工工作。胡双钱先后获得全国五一劳动奖章以及"全国劳动模范""全国道德模范"称号。

一定要把我们自己的装备制造业搞上去，一定要把大飞机搞上去。已经55岁的胡双钱现在最大的愿望是："最好再干10年、20年，为中国大飞机多做一点。"

二、顾秋亮：深海"蛟龙"守护者

"蛟龙"号载人潜水器是目前世界上下潜深度最深的载人潜水器，其研制难度不亚于航天工程。在这个高精尖的重大技术攻关中，有一个普通钳工技师的身影，他就是顾秋亮——中国船舶重工集团公司第七〇一研究所水下工程研究开发部职工，"蛟龙"号载人潜水器首席装配钳工技师。

10多年来，顾秋亮带领全组成员，保质保量地完成了"蛟龙"号总装集成、数十次水池试验和海试过程中的"蛟龙"号部件拆装与维护，还和科技人员一起攻关，解决了海上试验中遇到的技术难题，用实际行动演绎着对祖国载人深潜事业的忠诚与热爱。

作为首席装配钳工技师，他在工作中面对技术难题是常有的事。而每次顾秋亮都能见招拆招，靠的就是工作40余年来养成的"螺丝钉"精神。正是凭着爱钻研的劲儿，顾秋亮在工作中练就了较强的创新能力和解决技术难题的技能,出色完成了各项高技术、高难度、高水平的工程安装调试任务。

"蛟龙"号载人潜水器

已近花甲的顾秋亮仍坚守在科研生产第一线,为载人深潜事业不断书写我国深蓝乃至世界深蓝的奇迹默默奉献。

三、宁允展:高铁上的中国精度

宁允展是南车青岛四方机车车辆股份有限公司车辆钳工,高级技师,高铁首席研磨师。他是国内第一位从事高铁转向架定位臂研磨的工人,也是这道工序最高技能水平的代表。他研磨的定位臂,已经创造了连续10年无次品的纪录。他和他的团队研磨的转向架安装在673列高速动车组,奔驰9亿多千米,相当于绕地球2万多圈。

转向架是高速动车组九大关键技术之一,转向架上有个定位臂,是关键中的关键。

高速动车组在运行时速达200多千米的情况下,定位臂和轮对节点必须有75%以上的接触面间隙小于0.05毫米,否则会直接影响行车安全。宁允展的工作就是确保这个间隙小于0.05毫米。他的"风动砂轮纯手工研磨操作法",将研磨效率提高了1倍多,接触面的贴合率也从原来的75%提高到了90%以上。他发明的"精加工表面缺陷焊修方法",修复精度最高可达到0.01毫米,相当于一根细头发丝的1/5。他执着于创新研究,主持了多项课题攻关,发明了多种工装,其中有两项通过专利审查,获得了国家专利,每年为公司创效益近300万元。

一心一意做手艺,不当班长不当官,扎根一线24年,宁允展与很多人有着不同的追求:"我不是完人,但我的产品一定是完美的。做到这一点,需要一辈子踏踏实实做手艺。"

思考与练习

1. 如何通过学校课堂教学培育学生的工匠精神?
2. 如何向现代典型工匠人物学习?
3. 职业院校学生该如何修炼自己的工匠精神?

活动与训练

演话剧，颂匠心

学习、弘扬、践行工匠精神是对每个肩负中华民族伟大复兴任务的从业者的要求，作为国家未来的高素质技能人才，我们更应为营造劳动光荣的社会风尚和精益求精的敬业风气而努力，为成为知识型、技能型、创新型劳动者大军中的一员而奋斗，自觉传承、践行工匠精神。

以6～10人为一组，围绕大国工匠或你喜欢的匠心故事排演一场话剧，讲述匠人奋斗的故事，感受匠心力量，传承工匠精神。

过程记录

选定人物：

故事脉络：

排演要点及完成情况：

心得体会：

结果评价

教师对小组的话剧表演进行评价。

第六章　几种主要类型劳动价值及工匠精神养成

学习目标

1. 了解如何做好校园劳动。
2. 掌握一些社会劳动技能。
3. 掌握一些家庭劳动技能。
4. 了解职业场域劳动的形式。

课程引入

新时代是干出来的——为节日期间坚守岗位的劳动者点赞

2019年5月2日央视《新闻联播》以"新时代是干出来的——为节日期间坚守岗位的劳动者点赞"为题，报道了南昌地铁人"五一"假期坚守岗位、加班加点保障市民出行、全身心投入运营服务的景象。

"五一"假期的南昌地铁很忙碌，5月1日当天更是以73.43万乘次的客流刷新了单日线网最高客流纪录。这一切有赖于乘客的理解、支持与配合，更离不开全体南昌地铁人的恪尽职守。

为了给乘客提供更加便利、舒适的出行体验，"五一"期间南昌地铁有4000多名一线人员在岗位上继续工作。其中，站务员是地铁车站对外运营服务的窗口，与市民群众的联系最为紧密。接发列车、疏导客流、为乘客提供贴心服务……站务员的工作看似简单，但却通过他们的一言一行，为乘客一次又一次排忧解难，兑现"安全、便捷、精准、高效"的服务承诺，为这座城市的便捷交通出行贡献自己的力量，书写新时代劳动者的光荣篇章。

"我觉得在工作中，得到乘客的认可点赞最让我自豪。我们只要立足本职岗位诚实劳动，就能实现自己的梦想。"这是坚守岗位的站务员李建鑫接受采访时的回答，也道出了每一位南昌地铁人的心声。

幸福生活是奋斗出来的，我国70多年来取得的成就、创造的奇迹是全国人民撸起袖子干出来的，挥洒汗水拼出来的；南昌市民的美好交通出行也是靠全体南昌地铁人夜以继日努力奋斗出来的。未来的每一天，我们将继续立足本岗位，鼓足干劲、攻坚克难，不断砥砺前行，在劳动中彰显光荣。

> **想一想**
>
> 新时代是干出来的，作为新时代的接班人和未来的建设者，在校阶段该怎样做？

第一节　校园劳动的教育价值及工匠精神养成

一、做绿化环保的践行者

生态环境保护是功在当代、利在千秋的事业，我们要清醒地认识到保护生态环境的紧迫性和艰巨性，清醒地认识到加强生态文明建设的重要性和必要性，做绿化环保的践行者。

（一）绿水青山就是金山银山

习近平总书记指出："我们既要绿水青山，也要金山银山。宁要绿水青山，不要金山银山，而且绿水青山就是金山银山。"这一论断深刻地体现了习近平总书记把保护生态放在首位的鲜明态度和坚定决心。

地球给了所有生命一个适合生存的支持系统——水、空气、光、热及各种能源等。如果这样的支持系统遭到破坏，不只是动植物的生存环境会受到破坏，包括人类在内，也会受到不等程度的影响。所以，只有保护环境，保护我们赖以生存的地球，才能保护我们人类自己，才能使人类的文明发展得更远，让人类的生活环境更舒适。

绿水青山就是金山银山

（二）绿色环保行动

保护环境，人人有责。让中华大地天更蓝、山更绿、水更清、环境更优美，需要动员全社会力量推进生态文明建设，需要我们把保护环境化作为自觉行动。

1. 形成绿色价值取向

什么是绿色价值取向？习近平总书记关于"绿水青山"与"金山银山"关系的三个言简意赅的重要论断，对此做了生动的阐释和系统的说明。

"绿水青山就是金山银山"，强调优美的生态环境就是生产力，就是社会财富，凸显了生态环境在经济社会发展中的重要价值。"既要绿水青山，也要金山银山"，强调生态环境和经济社会发展相辅相成、不可偏废，要把生态优美和经济增长"双赢"作为科学发展的重要价值标准。"宁要绿水青山，不要金山银山"，强调"绿水青山"是比"金山银山"更基础、更宝贵的财富，当生态环境保护与经济社会发展产生冲突时，必须把保护生态环境作为优先选择。

坚持绿色发展，需要我们形成绿色价值取向，正确处理经济发展同生态环境保护的关系，牢固树立保护生态环境就是保护生产力，改善生态环境就是发展生产力的理念，更加自觉地推动绿色发展、低碳发展、循环发展，绝不以牺牲生态环境为代价换取一时的经济增长。

2. 形成绿色生活方式

绿色生活方式与每个人的生活息息相关，体现了人们对绿色发展理念的认同度、践行力。形成绿色生活方式对绿色发展和生态文明的最终实现具有基础意义和关键作用。

保护环境，人人有责；绿色发展，人人应为。这个"应为"就是倡导和践行勤俭节约、绿色低碳、文明健康的生活方式与消费模式。

推动形成绿色生活方式，需要我们坚持节约优先，强化集约意识，在衣、食、住、行、游等方面形成节约集约的行动自觉；倡导环境友好型消费，推广绿色服装、提倡绿色饮食、鼓励绿色居住、普及绿色出行、发展绿色旅游，抵制和反对各种形式的奢侈浪费、不合理消费。

（三）低碳校园生活

工业革命以来，人类经济发展的相关活动及在日常生活中排放的二氧化碳大大超出了地球对二氧化碳的自然负荷能力。这导致全球气候发生了显著变化，对全球自然生态系统产生了严重的有害影响。于是，人类开始反思自己的行为，"低碳"概念应运而生。

所谓"低碳"，就是倡导人们在生产、生活中，尽量减少二氧化碳排放，以减缓全球变暖的趋势。低碳生活则是人们为减少二氧化碳排放，主动、自发养成的一种新型生活方式。在减少二氧化碳排放的过程中，个人的努力具有"聚沙成塔"的意义。

作为学生，我们应如何为节能减排做出自己的贡献呢？

首先，要树立绿色低碳意识，认识到节能减排的紧迫性，牢固树立绿色低碳理念，人人争做绿色低碳标兵，处处体现绿色低碳文化，时时参与绿色低碳行动。

其次，要养成绿色低碳习惯，从小事做起、节约用电、节约用水、节约用纸、节约粮食，爱护树木、不践踏草坪，讲究卫生、不乱丢杂物，绿色出行、少乘机动车，不用一次性用品、少用塑料袋、不买不必要的物品，废旧物品再利用及废电池单独分类处理，等等。

最后，要主动宣传绿色低碳生活方式，散播绿色低碳的"种子"，带动周围的人形成绿色低碳的生活态度，以实际行动参与低碳校园的建设。

二、打造无烟美好校园

（一）呵护我们的"家"

众所周知，学校是有组织、有计划地进行教育的机构。但同时，校园还是一个独立的生态系统，它有着自己的结构和功能。

1.物质环境

校园物质环境主要是指校园内经过人们组织、改造而形成的校容、校貌和校园学习环境，具体指校容、校貌、自然物、建筑物及各种设施等。这种物质环境是一种环境文化，能使学生不知不觉、自然而然地受到熏陶、暗示、感染。干净、整洁的校园物质环境能加强学校各种物质所体现的个性和精神，加深这种"无声胜有声"的教育作用。

2.精神环境

校园精神环境是校园的灵魂，是学校师生认同的价值观和个性的反映，是一种潜在的教育力，具体体现在师生的精神面貌、校风、学风、校园精神、学校形象等方面。从学生个体角度看，精神环境又是心理环境，良好的心理环境会使人精神愉快，具有催人奋发向上、积极进取、开拓创新的教育力量。

（二）校园无烟化

20世纪50年代，科学研究证明了吸烟有害健康，世界各国纷纷开始了禁烟运动。烟草燃烧所产生的烟雾是由7000多种化合物所组成的复杂混合物，其中气体占95%，如一氧化碳、氢化氰、挥发性亚硝胺等；颗粒物占5%，包括半挥发物及非挥发物，如烟焦油、尼古丁等。这些化合物绝大多数对人体有害，其中至少有69种为已知的致癌物，如多环芳烃、亚硝胺等，而尼古丁是成瘾的物质。所以我们常说"吸烟有害健康"。长期以来，中国为了减少烟民数量、降低吸烟对社会的危害做出了很多努力。除了广为人知的肺癌风险外，吸烟还可能导致糖尿病、肝癌、结肠癌等多种疾病。控制烟草危害是一个具有长期性、艰巨性和复杂性的公共卫生问题。

为引起国际社会对烟草危害人类健康问题的重视，世界卫生组织将每年的5月31日定为"世界无烟日"。

知识链接

世界无烟日

在1987年11月,世界卫生组织(WHO)在日本东京举行的第6届吸烟与健康国际会议上建议把每年的4月7日定为世界无烟日(World No Tobacco Day),并从1988年开始执行,但从1989年开始,世界无烟日改为每年的5月31日,因为第二天是国际儿童节,人们希望下一代免受烟草危害。

据统计,2019年,中国的烟民数量已达3.5亿,"吸烟有害健康""吸烟是健康头号杀手"等口号提了多年,但吸烟人数未见显著减少;"全国多地立法控烟"等举措实施多年,但控烟成效依旧不容乐观。据世界卫生组织统计,全球大部分烟民都在18岁之前开始吸烟,其中部分烟民甚至在10岁之前就开始吸烟。

那么作为学生应该如何预防吸烟的危害,共建无烟校园呢?

(1)管好自己,做到不吸烟。为了自己的生命健康,共建无烟校园,同享"无烟青春";也为了保护环境,应该有信心和能力约束自己。

(2)多了解有关吸烟危害的知识,增强自制力,自觉抵制诱惑。

(3)养成良好的习惯,早睡早起不熬夜,保持身体的健康状态。

(4)交友谨慎,远离那些有不良嗜好的人,选择一个良好的交友圈。

(5)积极参加控烟健康宣传活动,宣传校园禁烟行动,增强自身的控烟意识,约束吸烟行为。

无烟校园

（三）构建和谐校园，创建文明校园

1.创建文明校园的内涵

（1）基本原则。坚持价值引领，把培育和践行社会主义核心价值观贯穿文明校园创建活动的全过程；坚持贴近师生，使每一名师生都成为文明校园创建活动的实践者和受益者；坚持注重实效，引导文明校园创建活动稳步推进、普遍开展，力戒形式主义；坚持广泛参与，把文明校园创建活动延伸到班级、宿舍和每个师生员工，夯实校园文明根基，把学校建设成培养中国特色社会主义建设者和接班人的重要阵地。

（2）总体目标。通过文明校园创建活动，健全工作机制，提高师生公民道德、职业道德、文明修养和民主法治观念；提高校园文化生活质量，使校园文化内容健康、格调高雅、丰富多彩；提高校园文明程度，使校园秩序良好、环境优美、育人环境进一步改善；实现高校、中小学文明校园创建活动百分百覆盖，使文明校园创建工作成为精神文明建设的响亮品牌。

2.积极创建文明校园

为维护良好的校园秩序，营造一个文明、整洁、健康、高雅的校园环境，建设平安校园、和谐校园，师生应遵循以下校园文明行为规范：

（1）着装整洁得体，仪容端庄。

（2）行为举止高雅，谈吐文明。

（3）爱护学校花草树木，节约用水。

（4）乘坐电梯遵守秩序，先下后上，相互礼让。

（5）遵守学校环境卫生的有关规定，保持学校环境卫生，不随地吐痰、不乱扔杂物。

（6）文明如厕，保持卫生间清洁，爱护其设施。

（7）严禁在教学楼内的教室、办公室、楼道楼梯、卫生间及其他公共场所吸烟。

（8）进行教学和汇报演出活动时，要合理使用场地及设施设备，降低环境噪声分贝，避免影响学校周围单位及居民正常工作和生活。

（四）巧手慧心寄情于"寝"，积极创建文明寝室

1.文明寝室建设要求

寝室是学生学习、生活、休息的重要场所，寝室文明环境建设直接体现学生的精神面貌和个人素质，直接关系到大家的身心健康。学生应将维护整洁文明的寝室环境内化为自觉追求，外化为自觉行动，并达到以下要求：

（1）文明寝室的环境总体应达到"六净""六无""六整齐"的标准。

"六净"：地面干净、墙面干净、门窗干净、玻璃干净、桌椅柜干净、其他物品干净。

"六无"：无杂物、无烟蒂、无乱挂、无蛛网、无酒瓶、无异味。

"六整齐"：桌椅摆放整齐，被褥折叠整齐，毛巾挂放整齐，书籍叠放整齐，鞋子摆放整齐，用具置放整齐。

（2）每天应自觉做到"六个一"，自觉遵守"六个不"，维护寝室良好的生活环境。

"六个一"：叠一叠被子、扫一扫地面、擦一擦台面、整一整柜子、理一理书架、倒一倒垃圾。

"六个不"：异性宿舍不进出，外人来访不留宿，危险物品不能留，违规电器不使用，公共设施不损坏，果皮纸屑不乱扔。

（3）在宿舍应杜绝不文明行为，不养宠物，不在宿舍楼内吸烟，不在门口丢放垃圾，不乱用公用电吹风等。

2.特色寝室建设标准

特色寝室宣扬的是一种文化，是一种相互影响、彼此照应、和谐共进的良好氛围，对学生文化修养、综合素质等各方面的提高有着很大的促进作用。

（1）室名设计：各寝室都须根据本寝室特点取一个寝室名。寝室名可以设计为"听雨轩""雪雅居"等言简意赅之名，或"击楫阁"等引自诗词蕴含哲理之名，或"知行屋""修身堂"等用以自勉、催人奋进之名。

（2）寝室风格设计：各寝室须确定自己寝室的风格，如文雅、温馨、活泼等。形象设计可通过装饰地面、墙壁、天花板来凸显寝室风格，或悬挂健康向上的书画作品，或摆放富有特色的饰物，或利用照片、彩带等装饰。

（3）寝室DIY：各寝室可以根据自己的兴趣设计手工制品，如寝室小相册、十字绣小挂画、DIY小物品等。

3.寝室美化设计与创意

（1）美化原则。

①简单大方：寝室面积不大，没有必要摆放过多装饰物品，否则会显得太杂乱。

②温馨舒适：寝室是放松休息的地方，在美化时要考虑烘托出一种温馨、舒适的氛围，让室内充满家的温暖气息。

③突出文化气息：寝室除了是放松休息的地方，常常还会充当学习的场所，在美化时，要从色彩、风格上考虑这个因素，营造一个安静、适宜学习的空间。

（2）创意要点。

①彰显寝室文化：每个寝室都有不同的文化，在美化时要充分考虑自己的寝室文化，做出别出心裁的美化设计。

②彰显低碳节约：低碳、绿色不仅是当下流行的概念，更应是我们践行的生活方式。

在美化寝室时应充分利用牛奶盒、饮料瓶、废纸箱等被忽略的生活垃圾和旧物，做成各种实用的日用品，这样不仅创意十足，变废为宝，更传递了一种绿色的生活态度。

易拉罐盆栽雪糕棍笔筒

③彰显个性：寝室是每一个住在这里的人的"家"，由多个小空间组成，在美化时，每个人在兼顾大风格统一的基础上，也要考虑自己的审美偏好和兴趣爱好，打造属于自己的"私密空间"，彰显自己的个性。

三、垃圾分类从你我做起

（一）垃圾分类的意义

垃圾分类（Garbage Classification）一般是指按一定规定或标准将垃圾分类储存、分类投放和分类搬运，从而将垃圾转变成公共资源的一系列活动的总称。垃圾分类的目的是提高垃圾的资源价值和经济价值，力争物尽其用。

垃圾分类是对垃圾收集处置传统方式的改革，是对垃圾进行有效处置的一种科学管理方法。人们面对日益增长的垃圾产量和环境状况恶化的局面，如何通过垃圾分类管理，最大限度地实现垃圾资源利用，减少垃圾处置的数量，改善生存环境状态，是当前世界各国共同关注的迫切需要解决的问题。

垃圾增多的原因是随着生活水平的提高，人们各项消费增加了。据统计，1996年城市垃圾的清运费是1.16元/吨，是1979年的4倍。2000年以后我国生活垃圾增长速度就更快了。我国生活垃圾无害化处理的方式主要有三种，即卫生填埋、焚烧和其他，目前仍以卫生填埋为主。据住房和城乡建设部发布的《中国城市建设统计年鉴2018》，2018年生活垃圾卫生填埋663万吨，占我国生活垃圾处理的60.8%；其次是生活垃圾焚烧处理331万吨，占我国生活垃圾处理的30.3%。经过高温焚化后的垃圾虽然不会占用大量的土地，但该处理方式投资惊人。难道我们对待垃圾就束手无策了吗？办法是有的，这就是垃圾分类。垃圾分类就是从源头上将垃圾分类投放，并通过分类清运和回收使之重新变成资源。垃圾分类具有以下几方面的意义：

1.减少环境污染

我国现有的垃圾处理方式包括填埋和焚烧。垃圾进行填埋处理即使是在远离生活的场所并采用相应的隔离技术，也难以杜绝有害物质渗透。这些有害物质会随着地球的循环而进入整个生态圈，污染水源和土地，通过植物或动物，最终影响人类的身体健康。另外，垃圾焚烧也会产生大量危害人体健康的有毒气体和灰尘。其实，有很大一部分垃圾是不需要填埋，也不需要焚烧的。如果我们能够做好垃圾分类，就能减少垃圾的填埋和焚烧，从而减少环境污染。

2.节省土地资源

填埋和堆放等垃圾处理方式占用土地资源，且垃圾填埋场属于不可复用场所，即填埋场不能够重新作为生活小区使用。此外，生活垃圾中有些物质不易降解，填埋后将使土地受到严重侵蚀。据统计，垃圾分类可以使人均生活垃圾产生量减少三分之二，从而节省大量土地资源。

3.促进资源的循环利用

垃圾的产生源于人们没有利用好资源，人们将自己不用的资源当成垃圾抛弃，这种废弃资源的行为对整个生态系统造成的损失是不可以估计的。通过垃圾分类，回收可利用的垃圾，就可以将垃圾变废为宝，促进资源的循环利用，从而保护我们的生态系统。此外，垃圾分类有利于改善垃圾品质，使焚烧（或填埋）得到更好的无害化处理。

（二）垃圾分类遵循的原则

1.分而用之，物尽其用

分类的目的就是将废弃物分流处理，利用现有生产制造能力回收利用回收品。

2.因地制宜，广泛参与

各地区地理位置、经济发展水平不同，企业回收利用废弃物的能力、居民来源、生活习惯、承担能力等各不相同，不同地区、行业应因地制宜，广泛参与，积极践行垃圾分类。

3.自觉自治，大力宣传

对社区和居民，包括企事业单位，应加大宣传力度，使其逐步养成"减量、循环、自觉、自治"的行为规范，创新垃圾分类处理模式，让社区居民、企事业单位职工、在校学生等成为垃圾减量、分类、回收和利用的主力军。

4.减排补贴，超排惩罚

制定单位和居民垃圾排放量标准，低于这一排放量标准的给予补贴，超过这一排放量标准的则予以惩罚，以此提高单位和居民实行源头减量和排放控制的积极性。

5.捆绑服务，注重绩效

在居民还没有自愿和自觉行动而村（居）委和政府的资源又不足时，推动分类排放需要物业管理公司和其他企业介入。将推动分类排放服务与垃圾收运、干湿垃圾处理业务捆绑，可促进垃圾分类资本化，保障企业合理盈利。

（三）垃圾分类标准

2019年11月15日，新版《生活垃圾分类标志》标准发布，同年12月1日起正式实施。与2008版标准相比，新标准将生活垃圾类别调整为可回收物、有害垃圾、厨余垃圾和其他垃圾四大类。

四大类生活垃圾标志

1.可回收物

可回收物主要包括废纸、塑料、玻璃、金属和布料五大类。

（1）废纸：主要包括报纸、期刊、图书、各种包装纸等。但是，要注意纸巾和厕所用纸由于水溶性太强不可回收。

（2）塑料：主要包括各种塑料袋、塑料泡沫、塑料包装、一次性塑料餐盒餐具、硬塑料、塑料牙刷、塑料杯子、矿泉水瓶等。

（3）玻璃：主要包括各种玻璃瓶、碎玻璃片、镜子、暖瓶内胆等。

（4）金属物：主要包括易拉罐、罐头盒等。

（5）布料：主要包括废弃衣服、桌布、洗脸巾、书包、鞋等。

这些垃圾通过综合处理或回收利用，可以减少污染，节省资源。

2.厨余垃圾

厨余垃圾包括剩菜剩饭、骨头、菜根菜叶、果皮等食品类废物，家里用剩的废弃食用油，也归为厨余垃圾。厨余垃圾经生物技术就地处理堆肥，每吨可生产0.6～0.7吨有机肥料。

（1）果壳瓜皮：在垃圾分类中，果壳瓜皮的标识就是花生壳，玉米核、坚果壳、果核、鸡骨等都是厨余垃圾。

（2）残枝落叶：属于厨余垃圾，包括家里开败的鲜花等。

3.其他垃圾

其他垃圾主要包括砖瓦陶瓷、渣土、卫生间废纸、纸巾等难以回收的废弃物及尘土、食品袋（盒），这类垃圾采取卫生填埋的方式可有效减少对地下水、地表水、土壤及空气的污染。

（1）大棒骨：因为其"难腐蚀"被列入其他垃圾。

（2）卫生间废纸：厕纸、卫生纸遇水即溶，不算可回收的"纸张"，类似的还有烟盒等。

（3）厨余垃圾装袋：常用的塑料袋，即使是可以降解的也远比厨余垃圾更难腐蚀。此外塑料袋本身是可回收垃圾。正确做法应该是将厨余垃圾倒入垃圾桶，塑料袋另扔进可回收垃圾桶。

（4）尘土：在垃圾分类中，尘土属于其他垃圾。

4.有害垃圾

有害垃圾指含有对人体健康有害的重金属、有毒的物质或者对环境造成现实危害或者潜在危害的废弃物，包括电池、荧光灯管、灯泡、水银温度计、油漆桶、部分家电、过期药品、过期化妆品等。这些垃圾一般会单独回收或填埋处理。

（四）垃圾分类案例

垃圾分类与宣传实践活动方案

一、活动背景

2017年，江西省启动南昌市、宜春市、赣江新区生活垃圾强制分类试点和鹰潭市、渝水区等地生活垃圾分类试点。作为省会城市，南昌市提出全市各城区选定共计60个垃圾分类试点居民小区。经过几年时间，60个垃圾分类试点居民小区建设了垃圾分类投放设备，并以积分兑换垃圾袋的形式进行鼓励。但由于是自愿投放，大部分居民分类投放的积极性并不是很高，垃圾分类的效果不明显。

二、活动目标

深入贯彻习近平总书记系列重要讲话精神和治国理政新理念、新思想、新战略，统筹推进"五位一体"总体布局和协调推进"四个全面"战略布局，牢固树立和贯彻落实创新、协调、绿色、开放、共享的发展理念，对垃圾进行减量化、资源化、无害化处理，以分类投放、分类收集、分类运输、分类处理为目标，建立垃圾处理系统，努力做到应分尽分、应收尽收，发动全校师生共同参与垃圾分类，扎实推进生活垃圾分类工作。

三、分类回收区域及要求

（一）分类回收区域

各办公区、教学区、生活区。

（二）分类收集要求

根据各部门实际情况，按照干湿分开的要求，在学生公寓3、4栋设置小黄狗智能垃圾回收设备，在各区域设置不可回收垃圾投放收集容器，并设置醒目标志。各部门及各班需将生活垃圾分类投放。

可回收垃圾、有害垃圾按种类分别打包，投放在小黄狗智能垃圾回收设备内，并做好投放登记；其他垃圾打包投放在各区域设置的其他垃圾投放收集容器内。

（三）回收处理网络

学院生活垃圾分类回收处理网络由物业管理公司及小黄狗智能垃圾回收公司负责，配备专门的回收人员、车辆和设施，承担回收任务，负责将各类垃圾进行资源化、无害化处理，并做好相关记录。学校建立办公区生活垃圾管理台账，记录责任范围内产生的生活垃圾种类、数量、运输单位和处置去向等情况。

四、组织领导机构

（一）垃圾分类工作小组

在全校师生中选派相关人员组建工作小组。工作小组由组长、副组长、组员组成。

（二）分工责任

组长、副组长负责垃圾分类工作的规划设计、指导实施、监督检查工作。

后勤管理处负责垃圾分类的组织工作，统一协调垃圾分类工作的开展、宣传和培训，对垃圾分类工作进行监督和检查，监督垃圾分类清运工作；学工处、各系负责在学生中落实垃圾分类工作，组织宣传与培训；各部门落实生活垃圾分类投放工作，由节能联络员负责登记台账；人事处对垃圾分类工作进行评估考核。学校建立"齐抓共管、协调有序、责任明确"的工作机制，层层抓落实，集中监督与评价。

五、考核评价

教职工垃圾分类工作将被列为绩效考核内容，每年度考核一次。考核结果根据小黄狗分类垃圾投放箱反馈信息及部门可回收垃圾台账统计产生。对在推进垃圾分类工作中做出显著成绩的部门和个人给予表彰、奖励，对工作不配合、不重视，以及不按规定投放或投放不符合要求的个人或部门，每发现一次，扣除部门绩效0.5分。

学生垃圾分类工作以班级为单位实行比赛制，学期结束后，每班将全体学生小黄狗分类垃圾投放箱反馈信息交至后勤管理处，获得可回收垃圾回报总分值作为班级分数；对工作不配合、不重视，以及不按规定投放或投放不符合要求的学生，每发现一次，扣除1分。

两者分数进行全校排名，对排名前十者给予相应奖励。

生活垃圾分类工作是一项环保工程、民心工程，也是系统工程，更是一件利国利民的大事，要统一思想，提高认识，高度重视，切实把生活垃圾分类工作作为年度工作中的一项重要工作抓好、落实好，抓出实效。

附件一

有害垃圾、可回收垃圾投放情况统计表（教工使用）

部门：

序号	投放时间	垃圾种类	投放量	回报值	备注

节能联络员：

有害垃圾、可回收垃圾投放情况统计表（学生使用）

系部：　　　　班级：　　　　班主任：

序号	投放人	投放类型	投放量	回报值	备注

附件二

生活垃圾分类工作检查情况反馈表

部门：

序号	工作检查情况及扣分原因	扣分值	备注

附件三

年度可回收垃圾投放情况统计表

年度：

序号	部门	可回收垃圾投放回报值	扣分情况	排名	备注

第二节　社会劳动的教育价值及工匠精神养成

一、社区劳动与志愿服务实践

（一）社区劳动

1.社区的概念与特点

社区是若干社会群体或社会组织聚集在某一个领域里所形成的一个生活上相互关联的大集体，是社会有机体最基本的内容，是宏观社会的缩影。社会学家给社区下的定义有140多种。社区是具有某种互动关系的和共同文化维系力的，在一定领域内相互关联的人群形成的共同体及其活动区域。

尽管社会学家对社区下的定义各不相同，但对于构成社区的基本要素的认识还是基本一致的，他们普遍认为一个社区应该包括一定数量的人口、一定范围的地域、一定规模的设施、一定特征的文化、一定类型的组织。社区就是这样一个"聚居在一定地域范围内的人们所组成的社会生活共同体"。

社区的特点包括有一定的地理区域，有一定数量的人口，居民之间有共同的意识和利益，有较密切的社会交往。

2.社区劳动的内容

职业院校学生社区服务作为学生社会实践活动的重要组成部分和学生志愿服务活动的重要形式，已经成为当前我国职业院校的一种常态活动，它为学生了解社会、拓展素质、发挥文化知识优势提供了一个良好的平台，是培养和提高学生社会责任感，促进学生成长成才的重要途径，同时对社区日常管理建设、文化氛围的提高也有一定的促进作用。

学生通常以志愿者或社工身份参与社区劳动，劳动的内容一般为打扫卫生、服务老人小孩、提供技术服务、科普宣传、文艺宣传、健康宣传、安全保障等。

（二）志愿服务

1.志愿服务概述

志愿服务一般是指志愿者组织、志愿者服务社会公众生产生活和促进社会发展进步的行为。或者说，志愿服务泛指利用自己的时间、技能、资源、善心为邻居、社区、社会提供非营利、无偿、非职业化援助的行为。志愿服务的范围主要包括扶贫开发、社区建设、环境保护、大型赛会、应急救助、海外服务等。

2.志愿工作的特征

志愿工作具有志愿性、无偿性、公益性、组织性四大特征。志愿服务的精神是"奉献、友爱、互助、进步"。在志愿活动中无处不体现着"进步"的精神，正是这一精神使人们甘心付出，追求社会和谐之境的实现。

开展青年志愿者行动，一定要坚持自愿参加、量力而行、讲求实效、持之以恒的原则。

（1）自愿参加。自愿参加主要是强调参加青年志愿服务的自觉性。自愿参加是开展青年志愿服务活动的前提。只有"自愿"才能称其为"志愿者"，只有"自愿"才能持久。对于参加者而言，青年志愿者行动的魅力就在于它变"要我参加"为"我要参加"，充分尊重青年的主体地位，注重调动青年自身的积极性、主动性。

（2）量力而行。量力而行就是要根据自己人力、物力、财力条件允许的程度来开展工作。首先，要研究服务客体，也就是要研究服务对象，搞清楚服务需求。现实生活中服务需求是多方面和多层次的，志愿服务一定要从实际出发，从各地、各条战线、各个行业的实际出发，从社会需求的实际出发，把主观愿望和客观实际结合起来，把社会需求和服务能力结合起来，实事求是，量力而行，不搞一刀切。要分清什么是现在能做到的，什么是下一步才能做到的，什么是将来才能做到的，还有什么是做不到的。既不能无所作为，也不可大包大揽。要循序渐进，逐步发展，切不可操之过急，否则欲速则不达。

（3）讲求实效。首先就是要办实事。青年志愿者行动的出发点和立足点就是要上为政府分忧，下为群众解难，为社会、为群众办实事。其次是要抓落实。青年志愿服务只有落实到基层，真正成为基层广大青年的经常性行为，才有生命力和发展前途。最后是求实效。求实效的集中表现就是在实践中使社会和群众体验或享受到志愿服务的成效。

（4）持之以恒。持之以恒就是指青年志愿服务要做到经常化、长期化。青年志愿者行动是一项跨世纪事业，必须以办事业的精神和方法来推进。开展志愿服务活动必须与建立多层次社会保障体系结合起来，必须着眼于建立中国特色的青年志愿服务体系，必须建立必要的机制以保障青年志愿者行动经常化、长期化、规范化、制度化。

（三）志愿服务队伍管理

党的十八大报告就全面提高公民道德素质的举措提出，深化群众性精神文明创建活动，广泛开展志愿服务，要深入开展城乡社会志愿服务活动，大力发展与政府服务、市场服务衔接的社会志愿服务体系。建设一支强有力的志愿服务队伍是构建社会志愿服务体系的重要一环。

由共青团中央印发的《中国注册志愿者管理办法》规定："团组织、志愿者组织根据服务对象的需求，向注册志愿者发布服务信息、提供服务岗位，志愿者按照相关要求开展志愿服务。注册志愿者也可按照相关规定自行开展志愿服务。提倡具有相同服务意向和志趣爱好的注册志愿者在团组织、志愿者组织指导下结成志愿服务团队开展服务。"

2017年6月7日，《志愿服务条例》经国务院第175次常务会议通过，由国务院于2017年8月22日发布，自2017年12月1日起施行。《志愿服务条例》指出，志愿者可以将其身份信息、服务技能、服务时间、联系方式等个人基本信息，通过国务院民政部门指定的志愿服务信息系统自行注册，也可以通过志愿服务组织进行注册。志愿服务组织可以采取社会团体、社会服务机构、基金会等组织形式。志愿服务组织的登记管理按照有关法律、行政法规的规定执行。

（四）社区劳动实践案例

计算机应用专业计算机知识科普与服务进社区劳动实践方案

一、活动目标

本活动通过送计算机应用基础知识进社区的形式，增加计算机应用专业学生对专业知识的了解，使学生深刻地认识到计算机知识在日常生活中的应用和实践的意义，更加愿意学习，帮助学生树立良好的社会形象和社会影响，从活动中了解劳动的快乐和意义。

二、活动名称

计算机知识科普与服务进社区。

三、活动的目的及意义

（1）让普通居民了解计算机应应用的基础知识与技能。

（2）让学生感受计算机的魅力和乐趣，体会计算机知识在日常生活中的应用和实践的意义。

（3）让学生参与劳动，感知劳动的快乐和意义。

四、活动时间与地点

活动共4场，分4个社区，时间分别安排为12月的4个周末，具体时间根据天气情况进行临时变更，每场活动时长为2小时。

五、活动主体

计算机应用专业所有班级、团委、计算机科学与技术社团。

六、活动实施

（一）活动策划

由教师选派学生和计算机科学与技术社团共同完成活动的详细策划实施方案，根据工作要求分配小组、安排人员、选出小组长，制定工作要求与完成评价要求。

（二）活动前期准备

（1）完成活动赞助联系工作，做好活动预算及物品购买。

（2）申请舞台、场地、桌子、帐篷、音响、屏幕、学校标志、服装等物品。

（3）制作活动的宣传海报、横幅、传单。

（4）做好社区委员会的沟通、活动宣传与通知工作，招募社区参与活动人员。

（5）完成科普知识讲座内容、视频、竞赛题目等准备工作。

（6）针对全体计算机应用专业学生开展活动前期知识培训。

（7）联系交通车辆，安排出行事宜。

（8）审核活动赞助方的宣传方案，讨论赞助宣传的适当切入点。

（三）活动宣传

（1）全程跟踪前期工作的每个环节。

（2）全程跟踪活动当日的情况，做好现场采访。

（3）及时以新闻、个人感言、社区面貌等主题在学校网站、公众号、微博、QQ、抖音等平台上进行宣传。

（4）完成活动综合视频，要求每名学生都有一个画面。

（5）完成活动在学校内的宣传。

（四）现场布置及道具

（1）海报、横幅等宣传品于前一天完成。

（2）活动当天全体人员于早上8点前到达现场。

（3）活动现场舞台、场地、桌子、帐篷、音响、屏幕、学校标志等物品布置于活动当日9：00之前完成。

（4）早上9：30之前完成对音响、设备等的安装和调试。

（5）在活动开始前半小时，由各小组负责人完成检查各项内容的准备工作完成情况。

（6）活动完成后，各小组在1小时内完成场地清理，物品回收归纳。

（五）活动形式与内容

（1）科普知识讲解：由知识宣传展板、现场同学讲解、科普知识视频共同组成。

（2）计算机应用技能解答：由学生和计算机科学与技术社团共同完成。

（3）计算机维修服务：由学生和计算机科学与技术社团共同完成。

（4）计算机应用知识竞赛：由舞台活动完成。

（六）后续工作

（1）活动结束后，全体人员负责打扫会场。

（2）清点好所有物品，如数归还。

（3）清点活动所购买的贵重物品，并记录存档，妥善保管。

（4）统一收纳各项发票，认真核实，做好活动所用经费报销工作。

（七）应急预案

（1）在前期准备活动中，应多预备一些道具，以便活动开展期间某些道具出现问题或丢失时及时替补，准备几台计算机储存文件及活动期间的资料，做好备份工作。

（2）做好沟通工作和思想教育工作，避免活动前、中、后发生争执，对无理争执根据实际情况给予相应处罚。

（3）与社区组织人员进行沟通，做好现场组织工作，注意维持现场秩序，若在活动进行中，有现场观众扰乱节目进行，维持秩序组人员应立即上台阻止，并将闹事者劝离现场；若闹事者情绪激动，不听劝阻，则应通知小区保安，对其进行教育批评；若出现大型混乱，宣布活动结束，全体成员尽力维持，并通知小区保安。

（4）在活动期间，出现设备问题，立即更换备用设备，同时安排人尝试进行维修。

（5）若活动开展中某个工作岗位上的人员因临时有紧急事件或生病缺席工作，则应立即从机动组安排人员替补，并迅速了解工作岗位的工作安排及事项。

（6）如果在活动过程中，发生不可预测的意外事件，导致参与人员受伤，情况较轻者，到小区诊所进行现场处理；情况严重者，送医院进行治疗，并及时联系其辅导员通知其家长尽快到医院了解病情。

（7）活动当天若遇大风、大雨等情况，则活动延期一天举行。若第二天天气情况仍然不允许，则由负责人共同商量，择期举行。

七、经费情况

由学校承担所需活动经费，可适当引入赞助。

八、劳动保障

由学校承担劳动实践活动的安全保障，做好安全保障方案，组建安全保障小组。

九、考核评价

劳动实践的考核由六部分组成：教师评价、任务完成情况、自我评价、小组长评价、组员评价、总结报告。其中，教师评价占20%；任务完成情况占40%；自我评价占10%；小组长评价占10%；组员评价占10%；总结报告占10%。

附件

<h3 style="text-align:center">计算机知识科普与服务进社区劳动实践物料领用情况表</h3>

领用人	物料名称	领用数量	领用日期	检查情况	领用人签字	发放人签字	归还日期	备注

<h3 style="text-align:center">敬老院志愿服务劳动实践方案</h3>

一、劳动目标

（1）弘扬中华民族尊老爱幼的优良传统与美德，加强青少年尊老爱幼的观念。

（2）增加学生与社会的接触机会，锻炼学生的社会实践能力，让学生在与人相处的实践中，懂得更多为人处世的道理和孝悌之道。

（3）增强换位思考的意识，明白人终有一老的道理，同时让学生切身体会时间的宝贵，珍惜美好的人生，并为之努力奋斗。

二、工具使用要求

（1）准备适量慰问品（水果、零食等）。

（2）根据实际情况，可以提前编排节目。

（3）准备生活必需品。

（4）制作条幅、彩旗等标语性工具。

三、安全保护要求

（1）选举实践队长，由队长负责外出事务的统筹和协调。

（2）尽量选用公共交通工具到达各实践活动开展地点，跟随集体，服从统一指挥。

（3）与老人聊天注意话题的选择和老人的情绪，避开敏感话题。

（4）控制活动区域在实践地点，不得私自离队，如有异常，必须向队长报备。

四、考核评价标准

（1）全体队员安全完成本次敬老院服务实践活动，无安全问题或事故出现。

（2）全体队员能够听从指挥，服从安排。

（3）完成敬老院卫生打扫、内务整理和院区活动实施损坏登记的实践任务。

（4）与老人们聊天愉悦，无不和谐、不开心场面出现，交流氛围融洽。

五、劳动设计

（1）时间安排：

（2）材料、工具准备：

（3）劳动对象：

（4）劳动过程记录：

（5）劳动成果展示：

六、学生自评

七、老师（家长、师父）评价

二、社会生产劳动实践

（一）社会生产与产业

1. 社会生产的概念和意义

社会生产是指人们创造物质财富和精神财富的过程。社会生产的目的是满足人们物质文化生活的需要。社会需要是指整个社会在生产和再生产过程中对社会财富的需求。一般来说，在社会生产与人类需要的矛盾中，人类需要决定社会生产的目的，是发展生产的动因和归宿，社会生产必须同人类需要相适应。

社会生产是社会存在和发展的基础。社会生产的不断发展为人们提供了越来越多的产品，不仅满足了人们衣、食、住、行、用等经济生活的物质需要，剩余的产品还能为人们提供物质基础，使其有休闲时间去从事经济活动以外的其他各种社会活动。

2. 产业

产业随着社会分工和生产力不断发展而产生，并随着社会分工的发展而发展。

20世纪20年代，国际劳工局最早对产业做了比较系统的划分，即把一个国家的所有产业分为初级生产部门、次级生产部门和服务部门。后来，许多国家在划分产业时都参照了国际劳工局的分类方法。第二次世界大战以后，西方国家大多采用了三次产业分类法。

在我国，产业的划分是：第一产业为农业，包括农、林、牧、渔各业；第二产业为工业，包括采掘、制造、自来水、电力、蒸汽、热水、煤气和建筑各业；第三产业为流通和服务两部分，包括流通部门，为生产和生活服务的部门，为提高科学文化水平和居民素质服务的部门、为社会公共需要服务的部门。

3. 文化创意产业

在经济全球化背景下产生了以创造力为核心的新兴产业，强调一种主体文化或文化因素依靠个人（团队）通过技术、创意和产业化的方式开发、营销知识产权的行业，这就是文化创意产业。

文化创意产业主要包括广播影视、动漫、音像、传媒、视觉艺术、表演艺术、工艺与设计、雕塑、环境艺术、广告装潢、服装设计、软件和计算机服务、出版业、旅游、博物馆和美术馆、文化遗产和体育等方面的创意群体。

（二）社会生产的技能要求

1. 现代化新型农业栽培方式

（1）墙式栽培。墙式栽培是采用墙体与PVC管组合的一种栽培方式，PVC管内放置基质供作物生长。在无土栽培项目中该栽培方式可作为隔断墙来使用，同时具有美化墙体的作用。

墙式栽培

（2）三层水培。三层水培以水作为作物生长的主要载体，同时配以营养液给作物提供生长所需的养分。该模式栽培设施封闭性、保温隔热性好，而且纯水培养，非常适合现场直接采摘使用。

（3）管道式无土栽培。管道式无土栽培是一种新型的水培设施，可采用立体、平铺等结构方式，主要以种植叶菜类作物为主，该栽培模式生产的蔬菜洁净、无污染，可直接采摘食用。

（4）气雾式栽培。气雾式栽培是将混合了营养液的水进行高压雾化后直接喷到作物的根系上的一种新型栽培模式，作物的根系直接悬挂于栽培容器的空间内部，通过根部接触气雾来满足生长所需的条件。气雾式栽培的优点是无公害、科技含量高、可直接食用，非常具有实用和观赏价值。

2.畜牧技能

畜牧业主要包括牛、马、驴、骡、骆驼、猪、羊、鸡、鸭、鹅、兔等家畜家禽饲养业，以及鹿、貂、水獭、麝等野生经济动物驯养业。畜牧业与种植业并列为农业生产的两大支柱。发展畜牧业必须根据各地的自然经济条件，因地制宜，发挥自身优势。畜牧业养殖技术包括培育和繁殖，其中养殖技术包括生猪养殖技术、家畜养殖技术、水产动植物养殖技术、特种养殖技术几大类。

3.服务业从业精神

服务业精神最重要的传承是"动脑、动手和用心"三方面的结合，动脑是理论与批判性思维的培养，动手是实操技能的训练，用心是对行业和做人态度的培养，同时，在服务领域应保证艺术性和科学性的平衡。服务业的主要从业精神如下：

（1）换位思考。换位思考应该落实到行动，如追踪客户的要求、需求、抱怨；让客户对最新项目进展有所了解；与顾客在彼此的期望方面保持沟通，调查客户满意度；给客户提供有益信息及友善、开心的帮助；对更正客户服务问题采取亲自负责的态度，及时、不袒护自己地解决问题；特别在客户遇到关键问题时，主动使自己随时能被顾客找到，采取超出正常范围的措施；能指出客户潜在需要；对待客户问题采取长远观点；为了长远利益关系宁愿牺牲暂时利益等。

（2）服务意识。服务意识是指企业全体员工在与一切与企业利益相关的人或企业的交往中所体现的为其提供热情、周到、主动服务的欲望和意识，即自觉主动做好服务工作的一种观念和愿望，它是发自服务人员的内心的。具有服务意识的人，能够把自己利益的实现建立在服务他人的基础之上，能够把利己和利他行为有机结合起来，常常表现出"以别人为中心"的倾向。

（3）顾客至上。进入21世纪，人类进入了知识经济时代，现代服务业集聚了一大批受过良好教育、拥有现代文化素养、受过专业训练的人力资源。服务和产品的营销原则基本相同，但也有一些差异，与实际产品相比，服务更难以通过客观指标来描述，因此消费者可能在服务选择和购买方面有更多选择。此外，服务有效性更多地取决于服务员工的质量，而不仅仅是品牌保证。由于与"人"相关的诸多因素，服务业通常被认为是非标准产品。

（三）社会生产劳动技能实践案例

农业生产之编织技能实践方案

一、劳动目标

（1）开展劳动教育，以够用、实用、能用为原则，拓展学生多种编织技术技能，使其会利用编织材料钩织出实用、环保、新型、艺术和个性化的编织品。

（2）通过开展编织劳动，培养学生严谨、细致、创新、艺术的职业素养。

（3）设计编织学习任务与技能训练项目，以学生为主体，以编织工作任务为中心，以项目化课程为载体，通过分项目的逐步训练，教会学生持针、拿线、基本针法、基本编法、学会看编织图，使学生具备钩、编、织等应用能力，培养学生成为具有较强的动手能力和发散思维能力、爱岗敬业及拥有良好的职业素养的创新型人才，为学生美化生活、创新创业提供支撑。

二、工具使用要求

棒针和钩针是编织的主要工具，使用棒针可以编织较大而且厚重的织物，使用钩针则可以编织细腻精美的织物。棒针和钩针编织主要以针法和花样为单位组成织物。

棒针的针法、技巧比较多，编织中，粗细不一的毛线，用的棒针也是不同的，棒针的粗细都是以号数来区分的，使用时，必须根据所织的花样和毛线粗细加以选择。在毛线的标签上都标记了毛线的标准规格，它表示这种毛线适用何种粗细的棒针进行编织，在没有特殊要求时也可以使用接近这些规格的棒针进行编织。棒针有两种：一种是一端有一圆球形物体的棒针，通常用以编织平面织物，圆球的作用是阻隔已编织之活结脱出，这种针的长度常为30厘米以上；另一种是两端均为尖形的棒针，用途较广，它既可以编织平面织物，又可以编织圆形织物。上下针是棒针最基本的针法，是其他编织花样的基础。

选择钩针要仔细观察针尖是否光洁、细滑，但是不能太尖以免使钩起的毛线分叉。钩针的弯钩深浅也要适宜，太深会使毛线不易脱钩，太浅则毛线不易被勾住。一般来说，钩织松散的花样，可以选用比毛线稍粗一些的钩针；钩织较为紧密的花样时，就要选择比毛线细一些的钩针。

三、安全保护要求

（1）认真学习与了解棒针与钩针的选用、使用的基础理论知识。

（2）正确使用棒针和钩针，在使用时，注意不要扎到自己或他人。

（3）使用完棒针和钩针，应当放到合适的地方，切勿乱放，以免发霉或氧化。

（4）在光线好的地方进行编织，避免伤害眼睛，引起近视。

四、考核评价标准

劳动教学评价采用过程评价占50%、中期考核占20%、期末考核占30%的方式。

（1）过程评价中的50%由个人参与的25%和小组参与的25%组成。学生在平时的编织中，需要完成个人作品任务和团队作品任务，以便在培养学生个人能力的同时培养学生团队合作的精神。这部分考核成绩主要由教师来评价，考核的标准主要是学生个人作品的完成度以及团队作品的参与度。

（2）中期考核中的20%要求学生课后完成指定的编织小作品，这一部分由学生来评价。其中，10%的考核成绩来源于学生的个人评价，另外10%的考核成绩来源于学生小组的综合评价，小组成员将根据对编织作品的各种要求对学生一一打分。

（3）期末考核中的30%是课堂内实际操作编织的考核，学生需要在规定的时间内完成自己设计的编织作品，这部分也主要由教师来评价。考核的标准是学生在规定时间里编织作品的完成程度、编织针法的正确度以及整个编织作品的美观度。

五、劳动设计

（1）时间安排：

（2）材料、工具准备：

（3）劳动对象：

（4）劳动过程记录：

（5）劳动成果展示：

六、学生自评

七、老师（家长、师父）评价

三、创新创业劳动实践

（一）创新创业概述

"大众创业、万众创新"出自2014年9月夏季达沃斯论坛上李克强总理的讲话，李克强提出，要在960万平方千米的土地上掀起"大众创业""草根创业"的新浪潮，形成"万众创新""人人创新"的新势态。此后，他在首届世界互联网大会、国务院常务会议和2015年政府工作报告中频频阐释这一关键词。

创新创业是指基于技术创新、产品创新、品牌创新、服务创新、商业模式创新、管理创新、组织创新、市场创新、渠道创新等方面的某一点或几点创新而进行的创业活动。创新强调的是开拓性与原创性，而创业强调的是通过实际行动获取利益的行为。创新是创新创业的特质，创业是创新创业的目标。

（二）创新创业的特点

1.高风险

创新创业是建立在创新基础上的创业，但是创新受到人们现有认知、行为习惯等方面的影响，会面临不被接受的阻碍，因而创新创业会面临比传统创业更高的风险。

2.高回报

创新创业是通过对已有技术、产品和服务的优化组合，对现有资源的优化配置，能够给客户带来更大、更多的新价值，从而开创所在创业领域的"蓝海"，获取更多的竞争优势，也获取更大的回报。

3.促进上升

创新创业是在创新基础上的创业活动，创新是创业的基础和前提，同时创业又是创新成果的载体和呈现，并在创业活动过程中，不断优化资源配置、总结提炼，以实现创新的更新与升级。

（三）职业院校学生创新创业的优势与弊端

职业院校学生创业是一种以在校学生和毕业学生这一特殊群体为创业主体的创业过程。随着我国不断走向转型化进程及社会就业压力的不断加剧，创业逐渐成为在校学生和毕业学生的一种职业选择方式。

1.优势

（1）职业院校学生往往对未来充满希望，他们有着年轻的血液、充满激情，以及"初生牛犊不怕虎"的精神。

（2）职业院校学生在学校学到了很多理论性的知识，有着较高层次的技术优势。"用智力换资本"是职业院校学生创业的特色和必然之路。

（3）现代职业院校学生有创新精神，有对传统观念和传统行业挑战的信心及欲望，而这种创新精神也往往成为职业院校学生创业的动力源泉，成为他们成功创业的精神基础。

（4）职业院校学生创业能提高自己的能力，增长社会实践经验，通过成功创业，实现自己的理想，证明自己的价值。

2.弊端

（1）职业院校学生社会经验不足，常常盲目乐观，没有充足的心理准备。对于创业中的挫折和失败，许多创业者感到十分痛苦茫然，甚至沮丧消沉。

（2）急于求成、缺乏市场意识及商业管理经验。职业院校学生虽然掌握了一定的书本知识，但终究缺乏必要的实践能力和经营管理经验，对市场营销等缺乏足够的认识，很难一下子胜任企业经理人的角色。

（3）职业院校学生对创业的理解还停留在仅有的美妙想法与概念上。

（4）职业院校学生的市场观念较为淡薄，对技术或产品的市场空间了解不足。

（四）职业院校学生创新创业所需基本能力

1.自我认知及科学规划

刚进入职业院校校门的学生对社会和自己的认识还非常有限。要想清楚地知道自己以后的发展方向在哪里，仅靠自身的苦思冥想是找不到答案的。最好的办法就是通过自己去观察别人，征求"过来人"的意见，再结合自己的实际情况制定一些小目标，通过确定和实现这些小目标，再慢慢地开始规划自己的人生。

在创业过程中，要经常性地提前计划或规划一些事情。在制订计划时一定要综合各种因素，形成切实可行的动作分解，要将任何可能的细节都考虑在内。而在实施的过程中要针对当下的具体情况进行适当调整。创业运营需要强有力的计划管理能力，只有具备这一能力才能让自己更靠近成功创业之门。

2.胆识和魄力

团队筹备之初及运营后，会面临各种各样的决策。作为团队灵魂的创业者的一举一动都左右着创业的发展走向和兴衰。前期创业者可能会广泛地征求亲朋好友的建议，一旦自己能够独立自主后，就必须通过自己的智慧和胆识去决定各种大小事务。在自主地做出决策时，谨慎是必不可少的，一旦优柔寡断可能就会失去一个绝佳的商业机会。同时，决策的胆识和魄力一定要建立在深思熟虑的基础之上，既要选择风险小的项目又要兼顾利益最大化。

3.团队管理、信息管理、目标管理

创业者需要针对自己团队的实际情况建立各种有效的管理制度，包括店员管理、培训、绩效考核等。同时，依据市场的不断发展变化而改进相应制度，只有这样才能够让创业者及其团队立于不败之地，拥有发展的主动权。

职业院校学生创业者由于缺乏大量的社会实践经验，因此在接触各种信息后，难免会有失偏颇地做一些决定。当创业者对信息无所适从时，可以向过来人请教，加以甄别，要在观察和请教他人的过程中，不断提高自身管理信息的能力。

4.学习

在现代社会要想取得不断的成功，必须具备持续的学习能力。市场各行业的竞争日益激烈，大到一个企业，小到个人要想力争上游，就必须比竞争对手更快地掌握更多的知识，通过不断的学习使自己处于不败之地。对于职业院校学生创业者而言，除了书本的理论知识，更要重视培养其他方面的综合能力。

5.社会交往能力

良好的人际关系，不仅能给人带来快乐，而且还能助人走向成功。职业院校学生创业者在开始创业后必将接触到各种不同类型、身份的人，而接触的人大多都是与自己的利益相关的人，所以从创业最开始就要学会与各种人打交道；要尽可能地去拓展人脉，认识朋友，舍得给自己投资；在与前辈们的交流和学习当中不断认识到自己的不足，有针对性地加以完善。

6.保持身心健康

创业者经常要与孤独和挫折为伴，绝大多数的创业过程都不是一帆风顺的。职业院校学生创业者要保持乐观而稳定的心态，需要在长时间的历练中找到方法；要放低姿态，平静地去接受一切可能的打击；同样，在得意时，也要克服骄傲的情绪，切不可沾沾自喜，妄自尊大。

身体是革命的本钱，创业者只有身体健康才能够支撑一切的打拼和奋斗。为事业拼搏而废寝忘食的精神非常值得肯定，但是终究不能成为常态。大抵年轻的创业者都会精力旺盛，一旦投入工作中都很难自拔，在创业的过程中一定要注意劳逸结合，切莫因为太拼而让自己的健康状况下滑。

（五）创新创业劳动实践案例

教育科学学院创新创业与创新劳动周活动方案

一、活动背景

全面贯彻党的教育方针，落实"立德树人、追求卓越、自主发展"的教育理念，将创新创业教育、劳动教育融入我校人才培养的全过程，形成具有特色的创新创业和创新劳动教育模式，培养高素质的"双优人才"。为此，学校特开展"第三届创新创业与创新劳动周"。

二、活动内容

（一）讲座论坛

邀请专家学者、行业（企业）精英、优秀校友代表及青年优秀创业人员，通过讲座、论坛、沙龙、交流会等形式，分享优秀创新创业者的成功经验，使学生了解国家的创新创业政策，学习创新创业基本知识，培养学生的创新创业理念，激发学生的创新创业意识和激情，启迪创新创业思维，强化诚实合法劳动意识教育，培养学生的科学精神。

（二）考察调研

组织学生到实习实践基地、高新企业、科技园、大学生创业园、创业孵化基地、众创空间和小微企业创业基地，尤其是IAB类企业［信息技术（Information Technology）、人工智能（Artificial Intelligence）、生物制药（Biopharmaceutical）］中进行考察调研，了解企业管理理念、生产经营、企业文化等，打造全方位的创新创业实践平台、基地。

（三）竞赛活动

组织开展各类竞赛活动、劳动竞赛等，着力培养和提高学生的创新创业能力、团队合作能力、组织协调能力。

（四）实践活动

深化产教融合，注重围绕创新创业，结合学科和专业积极开展实习实训、专业服务、社会实践、勤工助学等生产劳动和服务性劳动，重视新知识、新技术、新工艺、新方法应用，创造性地解决实际问题，培育诚实守信的合法劳动意识和创造性劳动能力。

（五）项目孵化

邀请创业导师对创业项目进行分析指导；邀请风险投资公司、企业家入校，选拔有融资需要的创新创业项目进行展示、路演、对接，培育具有市场潜能的创新创业项目或创业公司。

三、活动设计

（1）时间安排：

（2）活动准备：

（3）活动对象：

（4）活动过程：

（5）活动成果展示：

四、学生自我评价

五、老师（家长、专家）评价

第三节　家庭劳动的教育价值及工匠精神养成

一、家务劳动

（一）家务劳动的概念

家务劳动是指家庭成员在日常的家庭生活中必须从事的一种无报酬劳动，包括洗衣做饭、照看孩子、购买日用品、清洁卫生、照顾老人或病人等。

通过调查，有43%的学生经常做家务，49%偶尔做家务，其余8%极少或从不做家务，这反映了学生参与家庭劳动的现实水平较低，也反映了学生劳动态度和劳动实践的差异。而在主动进行家务劳动的学生中，仅有35%的学生经常主动做家务，其余大部分学生表示是在家长的命令和督促下做家务劳动的。而在具体的劳动内容上，大部分是打扫卫生和洗衣服的劳动，不到一半的学生是做饭。

专家指出，在未来的社会中，身体素质的好坏和劳动意识的强弱，将是一个人能否取得成功的关键所在。学生应主动参加家务劳动，杜绝养成过分依赖父母的习惯，培养独立性，提高生活自理能力，养成热爱劳动的良好习惯。

（二）家务劳动技能

在我国，家务劳动因民族、地区、家庭情况不同而有所差异，共同包含的有家庭清洁、家庭护理、照料饮食起居、家庭维修等内容，学生应主动承担家庭中力所能及的事

第六章 几种主要类型劳动价值及工匠精神养成

情,明确自己作为家庭一分子,劳动是责任,也是义务。

劳动不只是洗衣、做饭、打扫卫生,更是务实、做事、操作、实践,劳动教育的意义贵在让人用身体丈量物理和心灵的世界。

家庭清洁包含电器清洁、门窗清洁等内容。

1.电视机的清洁方法

现今大部分家庭所使用的电视机都是液晶屏幕,由于液晶屏幕涂有特殊涂层,暴露在空气中,在静电作用下很容易沾上灰尘,正确的清洁方式能有效地保护电视机,延长电视机的使用寿命。

第一步:以1:5比例的白醋和清水混合后倒入喷壶,摇晃均匀(白醋可以消除显示屏上的静电,使其不易沾灰)。

第二步:准备一块眼镜布或软布,把稀释后的液体喷在眼镜布上,有点潮湿的状态即可。关闭电视机电源,再顺着一个方向轻轻擦拭(不要每天擦拭液晶电视屏幕,否则对液晶屏幕也有不小的损坏)。

注意:不要用酒精或其他化学溶剂清洁液晶屏幕,因为液晶屏幕涂有特殊的涂层,一旦使用酒精擦拭显示器屏幕,酒精将溶解涂层,会造成不良影响。

2.电冰箱的清洁方法

第一步:切断冰箱的电源,将冰箱内的食物暂时都取出来。

第二步:等待冷冻室自然化霜,化霜期间可以在冰箱底部放些毛巾用来吸水,以防化霜的水流出太多不好清理(此步适合霜冻冰箱,非霜冻冰箱省略此步)。

第三步:将冰箱内部的搁架、果蔬盒、瓶框、抽屉等附件取出,用柔软的湿布加洗涤剂擦洗,擦洗干净后再用干抹布擦干,或者放置在通风处晾干。

第四步:使用温湿柔软的布擦拭冰箱的外壳和拉手,如果油渍较多,可以加些洗涤剂进行擦洗,效果会更好些。

第五步:用软布蘸取中性洗涤剂擦拭冰箱内胆,冰箱的开关、照明灯及温控器等部位也不能忽略,但擦洗这些部位时需要将抹布拧干再擦。

第六步:使用软毛刷清理冰箱背面的通风栅,用干燥的软布或毛巾擦拭干净。

第七步:所有部位清洁结束后插上电源,检查温度控制器是否设定在正确的位置。冰箱运行1小时左右,检查冰箱内温度是否下降,然后将食物放入冰箱。

3.洗衣机的清洁方法

随着科技的进步,现在的洗衣机一般带有自洁功能,但自洁功能实际上也不能完全清洁,洗衣机用的时间久了,表面看起来无异,其实内部很脏,如果不清洗,就会滋生很多细菌。把洗衣机拆开清洗不但麻烦、费时费力,还需要专业的人员来操作。清洁洗衣机可以采用以下方法：

第一步：准备一个洗衣盆，放入毛巾和白醋，白醋可多放一些，将毛巾弄湿，然后将泡着白醋的毛巾放入洗衣机，将洗衣机调成脱水的模式，因为白醋可以有效地软化污垢，将毛巾甩干，这样可以让白醋渗入洗衣机的每个角落。甩干后，将毛巾取出。

第二步：自制清洁剂。在洗衣盆中添加食用小苏打、食用盐、花露水，小苏打的量可以多一些。

第三步：把自制的清洁剂放入洗衣机，把之前的毛巾继续放进去，将洗衣机调成快洗模式。耐心等待几分钟，排水时，就可以看到排出来的污水。

4.玻璃门窗的清洁方法

第一步：自制玻璃清洁剂。准备一个水流较细的小喷壶，倒入一半的水，四分之一的洗洁精，四分之一的白醋，摇晃均匀即可。

第二步：准备纸和两块不掉毛的布，纸可以是报纸，也可以是买鞋子时塞在鞋子中的纸，布的要求是不掉色、不掉毛、吸水，另一块布保持干燥。

第三步：将调制好的清洁剂摇晃均匀后喷在玻璃上，用纸自上往下擦拭，让清洁剂均匀地覆盖住玻璃，一般一次并不能清洁干净，往往还需要喷涂一遍清洁剂后再用报纸擦一遍。

第四步：选用一块布，湿水之后擦拭玻璃，将玻璃上的泡沫擦干净，等泡沫彻底擦干净之后，用另一块干的布，再擦掉所有的水迹，窗户就擦好了。

需要注意的是：对于高层楼房来说，这个方法适用于擦室内的玻璃，室外的玻璃尽量还是找专业的人来清洁。

二、家庭护理

家庭护理是指对患有严重疾病综合征、身体功能失调、慢性精神功能障碍等患者提供的照护。

孝与感恩是中华民族传统美德的基本元素，是中国人传统美德形成的基础，也是政治道德、社会公德、职业道德、家庭美德、个人品德建设的基本元素。我国孝道文化强调幼敬长、下尊上，要求晚辈尊敬老人，子女孝敬父母，爱护、照顾、赡养老人，使老人颐养天年，享受天伦之乐，这种精神无论过去、现在还是将来，都具有普遍的社会意义。为了更好地照料家中老人，需要从以下几方面来协助满足老年人的基本需要。

（1）食物的需要：注意老人的膳食营养，为家中不能自理的老人喂食和喂水。

（2）排泄的需要：帮助不能自理的老人进行排便、排尿，及时清除排泄物。

（3）舒适的需要：营造安静、清洁、温度适宜的休养环境。

（4）活动和休息的需要：帮助老人适当活动，并尽可能促进老人正常睡眠。

(5)安全的需要：防止老年人跌倒、噎食、误吸、损伤，保持皮肤的完整。

(6)爱和归属的需要：营造良好的休养环境和人际环境，促进老人的人际交往，帮助老人及时与家人联系与沟通，并给予精神上的关心。

(7)尊重的需要：运用沟通技巧，维护老年人的自尊，保护老年人的隐私。

(8)审美的需要：协助老年人完成容貌、衣着修饰，使其保持良好的精神状态。在协助满足老年人的基本需要时，还需要为老年人提供一些生活照料服务。

(一)为卧床老人整理床铺的方法

第一步：关好门窗，移开床旁桌、椅。如果病情允许，可放平床头，以便彻底清扫。

第二步：协助老人翻身至对侧，松开近侧床单，用床刷从床头至床尾扫净床单上的渣屑，应注意将枕下及老人身下各层彻底扫净，然后将床单拉平铺好，协助老人翻身卧于扫净的一侧。转至另一侧，以上面的方法逐层清扫，并拉平床单铺好。

第三步：整理被子，将棉被拉平，为老人盖好。

第四步：取下枕头揉松，放于老人头下。

(二)扶助卧床老人翻身的方法

第一步：仰卧老人要向一侧翻身时，先使老人两手放于腹部，两腿屈膝，护理人一前臂伸入老人腰部，另一臂伸入其大腿下，用臂的力量将老人迅速抬起，移近床沿，同时转向对侧。

第二步：抬起老人头肩部，并转向对侧，在老人的背部放置软枕，以维持体位，胸前放一软枕，支持前臂，使老人舒适。

第三步：将老人上腿弯向前方，下腿微屈，两膝之间垫以软枕，防止两腿之间相互受压及摩擦。

(三)生命体征测量

生命体征包括体温、脉搏、呼吸、血压，是标志生命活动存在与质量的重要征象，是评估身体的重要项目。基础的生命体征测量方法如下：

第一步：测量体温。协助被测老人解开衣物，有汗应擦干腋下，将水银体温计的使用端置于其腋窝深处贴紧皮肤、屈臂过胸夹紧，5分钟以后取出体温计。

第二步：测量脉搏。协助被测老人手臂放松，要求其手臂向上，然后将自己的食指、中指、无名指的指端放在其桡动脉表面，计数30秒。正常成人60～100次/分，老年人可慢至55～75次/分。

第三步：测量呼吸。在测量脉搏后仍然把手按在被测老人的手腕上，观察其腹部或胸部的起伏，一呼一吸为一次，计数为30秒。

三、餐饮劳动

家庭餐饮劳动包含调理家人营养搭配、买菜、洗菜、煮饭、洗碗刷锅、收拾饭桌等内容。

（一）家庭营养膳食调理

人体是由物质组成的，人体要维持生命并保持健康就必须恰当平衡地不断补充消耗掉的物质。营养是生命的源泉，健康的根本。为指导人们合理营养，中国营养学会提出了食物指南，并形象地称为"4+1营养金字塔"（简称"营养金字塔"）。"4+1"指每日膳食中应当包括"粮、豆类""蔬菜、水果""奶和奶制品""禽、肉、鱼、蛋"四类食物，以这四类食物作为基础，适当增加"盐、油、糖"。

根据营养金字塔的营养指南，可以制订以下健康饮食计划：

（1）多吃水果和蔬菜：每天要吃足7~9种水果和蔬菜。

（2）低脂肪奶制品：每天至少要食用3杯低脂或无脂牛奶、奶酪、酸奶或其他富含钙质的食物。

（3）选择粗粮：每天至少食用6~8种的五谷杂粮。

（4）脂肪摄入：尽量避免食用反式脂肪酸及过量的饱和脂肪酸、钠（盐）、糖和胆固醇，而且要限制每天摄入的脂肪（只占摄入总热量的20%~35%）。

（5）选择优质的蛋白质：保证每天获得的热量约15%来自去皮的鸡肉、鱼肉和豆类。

（二）鱼类原料的初步加工

水产类原料品种繁多，主要有淡水产品和海水产品两类。其营养丰富，含有大量的优质蛋白质、不饱和脂肪酸和无机盐，是重要的烹调原料。

鱼类的初步加工方法如下：

第一步：刮鳞去鳃。用硬物从鱼尾到头逆向将鳞刮净。有的鱼的鳞片中含有较多的脂肪，加工时不宜去鳞片。鱼鳃可用刀尖或剪刀去除，也可用筷子绞去。

第二步：剥皮。用于鱼皮粗糙，颜色不美观的鱼类（如扒皮鱼等）。加工时，在背部靠鱼头处割一刀口，捏紧鱼皮用力撕下，再去鳃和内脏，洗净即可。

第三步：泡烫。主要用于加工鱼体表面带有黏液且腥味较重的鱼类，如海鳗、黄鳝等。将鱼放入沸水锅中蘸一下，迅速刮去黏液，再去鳃、内脏，洗净即可。

第四步：宰杀。先剖腹，再取出内脏。有的鱼腹内有一层黑膜，一定要清洗干净。

第五步：择洗。软体水产品需采用择洗的方法，如墨鱼、八爪鱼等，都需要除去黑液、嘴、眼等。

（三）和面和发面加工

家庭常用简单自发粉和酵母和面。

第一种：自发粉和面。用自发粉加牛奶和面酸碱中和，面不发黄，做出的成品既白又嫩。自发粉内加入牛奶，使劲揉，揉到面团不粘手，不粘盆，而且面团表面光滑就好了。和面后，面盆盖上保鲜膜放在温暖的地方发酵50分钟，面团大约"长"出一倍。如果冬天气温低，可以在微波炉里放一杯热水，然后把面盆放入即可。

第二种：酵母和面。大约40℃的水里加一小勺糖，酵母粉倒入水中，1千克面倒一普通饭碗的温糖水，酵母粉则要薄薄地几乎撒满水面，静置几分钟让其充分溶解，然后再一点点地倒入面粉。边倒边和，再使劲揉，揉到面团不粘手，不粘盆，而且面团表面光滑就好。揉好的面团盖上保鲜膜发酵，面团大约"长"出一倍即可。

（四）蒸米饭的方法

第一步：洗米。洗米不要超过3次，如果超过3次，米里的营养就会大量流失，这样蒸出来的米饭香味也会减少。

第二步：泡米。先把米在冷水里浸泡半个小时，可以让米粒充分地吸收水分。这样蒸出来的米饭会粒粒饱满。

第三步：加入清水。米和水的比例应该是1∶1.2。有一个特别简单的方法来测量水的量，把食指放入米水里，水不超过食指的第一个关节。

第四步：增香。在锅里加入少量的精盐或花生油。注意花生油必须是烧熟的，而且是晾凉的。

第五步：放入用来蒸米饭的容器，盖上盖子后，接通电源，按下蒸饭键即可。

四、家庭维修

家庭维修包括家庭空气治理、水暖检修、电路检修、家具维修及保养、地面维修及保养、门窗检修、家用电器检修、房顶检修等内容。以上维修一般需要专业人员的指导或完全由专业人员操作，职业院校学生可以学习一些简单的手工操作，做好维修预防。

（一）家庭空气治理简单方法

近几年，随着国民环保意识的提高，空气变得洁净。家庭常见的空气问题一般是采购新家具或新装修房屋后需要保证家居环境空气的干净，室内污染空气吸入时间长会有呼吸道不舒服、嗓子疼的症状。可以通过一些简单的操作解决家庭空气污染的问题。

甲醛超标是很常见的问题，装修后的房子或新买的家具是主要的甲醛来源。家庭除甲醛的措施有以下几种：

（1）通风：尽可能多通风，把甲醛释放出去。

（2）使用一些活性炭或者叶广泥材料：活性炭和叶广泥材料中有许多微小的孔隙，可以吸收甲醛、甲苯等有害气体。

（3）植物：选择芦荟、吊兰、虎尾兰、一叶兰、龟背竹，这些植物是天然的清道夫，具有很强的吸附能力。

（二）电路维修简单方法

家庭电路常见的电路故障包括灯泡不亮或闪烁、突然停电。遇到这些故障时，可以使用下列方法排除：

1.灯泡不亮或闪烁

①家里所有的灯泡都不亮。对于这种情况首先应看邻居家是否有电，如果邻居家也没电，那么可能是供电单位正在进行故障维修，这种情况就没必要去检查线路了。如果邻居家或其他地方有电，那说明家里电路的保险丝或干路出现了故障，而这种电路的维修也较简单。如果是保险丝断了，那么只要换上好的保险丝即可；而干路的断路应用导体将两端连接在一起。

②其中一个灯泡不亮。首先要检查灯泡是否烧坏，然后检查开关和灯头，最后检查接到这条支路的线路是否断路。对于第一种情况，只要换一个新灯泡即可。如果是开关和灯头坏了，同样也是直接换上新的。

2.突然停电

由于各种家用电器在人们的生活中应用越来越广泛，有些家庭的所有家用电器总功率过大，通过干路的电流超过电能表允许通过的最大电流，这时电路会出现"跳闸"现象。出现这种现象无须惊慌，只要尽量避免同时使用多个家用电器即可。但要检查电路中保险丝是否被烧坏，如果烧坏应先换上新的保险丝，再恢复供电。

（三）无痕墙面挂钩安装的方法

选购含4枚小钢钉的无痕墙面挂钩，将4枚小钢钉钉在墙上即可。无痕墙面挂钩用于紧实墙面，最大承重达6千克，可挂一般的画框、衣物、袋子等物品。

五、家庭劳动实践案例

生活维修活动方案

一、劳动目标

（1）认识生活中一些常用的修理工具，并且简单了解它们的使用方法。
（2）培养学生的动手能力、综合分析能力。
（3）通过实践使学生认识到一些物品只要稍加修理还能使用，养成勤俭节约的美德。
（4）学会使用一些简单的修理工具，能自己动手修理简单的物品。
（5）了解一些家电的结构和家电电路的组成。

二、工具使用要求

使用工具：螺钉、螺丝刀、钳子、板材等。

使用要求：用力均匀，不能过猛伤及自身或其他物品等。

三、安全保护要求

（1）了解安全用电的常识，提高安全用电的意识。

（2）关注家庭用电的隐患。

四、考核评价标准

知识：电热材料、绝缘材料、小家电基本结构、常见故障及维修方法。

技能：安装、使用、维修、工具的使用、维修的基本方法。

态度：吃苦耐劳的精神、勤奋好学的态度。

五、劳动设计

（1）时间安排：

（2）材料、工具准备：

（3）劳动对象：

（4）劳动过程记录：

（5）劳动成果展示：

六、学生自评

七、老师（家长、师父）评价

第四节　职业场域劳动的教育价值及工匠精神养成

职业院校学生接触职业场域劳动的形式主要有假期实习、假期兼职和顶岗实习。

一、假期实习

实习是学生积累社会经验的重要途径，它能够提高学生的沟通能力、适应能力及解决问题的能力等。学生应充分把握在校期间的实习机会，大胆尝试，广泛地接触社会，积累实践经验，以增强自己未来求职的竞争力。

（一）假期实习指南

实习是学习与就业之间的一个重要环节，好的实习经历能为在校的学习交出一份满意的答卷，同时可为将来的就业热身，打好"预备战"。

1.获取实习信息

学生可以从以下渠道获取实习信息：

（1）学校公示栏。学校附近的企业或者公司通常会把招聘信息以纸质文稿的形式张贴在学校公示栏上。希望在学校附近寻找实习单位的学生可在学校公示栏中获取实习信息，筛选出合适的实习单位。

（2）各地方人力资源和社会保障局（人社局）。各地的人社局每年都会有相应的政策支持学生假期实习。人社局提供的用人实习单位不仅类别丰富，而且十分正规。

（3）各大企业官网。一般来说，各大企业会在寒暑假期间，在其官网上发布实习招聘公告。有意向的学生可以多留意各大企业的官网，寻找适合自己的假期实习单位。

2.结合自身专业或兴趣选择实习岗位

在选择实习岗位时应尽量选择与自己专业相匹配或者自己感兴趣的岗位，这样不仅可以学以致用，还可以挖掘自身蕴藏的潜力，为将来就业做好铺垫。

在具体做选择时，学生要摆正心态，客观分析自己的专业知识、沟通技能、思维能力及自身性格、兴趣等，分析实习机会是否能够提高自身能力和素质，进而选择适合自己的实习岗位。

3.在实习中探索个人职业定位

实习是学生探索个人职业定位的好机会。在实习过程中，除了要认真完成分配给自己的任务，学生还要主动总结对应岗位的核心能力要求、特性等，观察对应职位的上升空间，以及所处行业的发展前景，并以此为参照分析自己是否适合该岗位或行业，判断是否需要调整自己的职业定位。

4.在实习中提高自身综合能力

进入企业实习后，学生要尽快完成从学生到工作者的身份转变和思路转变，不断提高自己的综合能力。

首先，要清楚工作都是结果导向的。客户需要的是成果，工作评估的也是成果，过程中无论做了多少事，只要没有达成目标、没有交付成果都不算完成工作。如果没有产出成果，必须主动协调资源，推动问题解决。

其次，要分清事情的轻重缓急，对时间进行合理安排。不清楚手里的工作孰轻孰重时，要及时向上级领导反映或请示。

再次，对于工作内容切勿眼高手低，要以积极主动的态度认真对待接到的每一个任务，在规定的时间内保质保量地完成工作。

最后，还要注意如何进行有效沟通、与同事和谐相处等问题。

（二）假期实习实务

1.实习初期

（1）熟悉环境，不做局外人。实习开始后，尽快熟悉环境，除了自己部门的业务内容，还要大致了解其他部门的情况。学习使用打印机、扫描仪等办公设备。

（2）搞清业务关键词。对领导、同事提及的专业名词，做到心中不留疑，第一时间请教他人或查阅相关资料，明白其所指。

（3）多听、多想、多自学。凡事多留心，多问为什么，同时还要学会自学，特别是通过看报告、旁听会议等各种渠道尽快了解工作内容及业务流程。

2.实习中期

（1）以正式员工的标准要求自己。要把自己当成一个有工作责任感的职场人，积极尝试承担新工作。

（2）做事靠谱、有章法。搞清工作任务，及时汇报工作进度，遇到问题先想解决办法再寻求帮助，按时保质保量地完成工作。

（3）多总结，多反思。要学会回顾工作、总结经验、思考不足。认真思考这项工作的重点环节是什么，如何避免出错，如何改进，如何更好地应对突发状况等。

3.实习结束

（1）请实习单位提供一份实习鉴定，并签字盖章。实习鉴定应写明实习岗位、岗位描述、实习过程中完成的工作或项目、工作评价等。

（2）总结实习，并更新自己的简历。总结实习中的问题和收获，反思自己在哪些方面仍需要提升。及时更新简历，为毕业求职做好准备。

（3）保持联络，获取有效信息。如果有意毕业后到实习单位求职，可根据自身情况申请适当延长实习时间。离开实习单位后，继续保持与单位同事的联络，及时了解业务发展，第一时间获得相关招聘信息。

二、假期兼职

（一）假期兼职陷阱

寒暑假期间，多数学生都会做兼职。假期兼职可以锻炼自己、增加生活体验，同时挣取一些生活费，是一种常见的社会实践形式。在假期兼职时，学生应擦亮眼睛，谨防落入各种陷阱。

1.培训陷阱

一些骗子公司通常会和一些培训机构联手，招聘时以"先培训，拿证后上岗"为由骗取求职者培训费、考试费、证书费等各种费用。实际情况往往是，经过一段时间的培训，参加完考试后，公司便不知去向，或被告知"很遗憾，考试未通过，不能上岗"。

2."押金"陷阱

一些用人单位声称为了方便管理，向应聘者收取一定数额的押金或保证金，并承诺工作结束后退还，然而工作结束时学生只能领到工资，保证金却不见了踪影。更有甚者，用人单位在学生交过钱后说职位暂时已满，或者说暂时没有工作可做，让学生回去等消息，接下来便再也没有消息了。

3.黑中介陷阱

一些黑中介抓住学生缺少社会经验且找工作心切的心理，收取高额中介费后，却不履行承诺，不及时为学生寻找合适的工作。

黑中介的套路往往是不停地拖延，让学生耐心等待，最后不了了之。更有一些中介"打一枪换一个地方"，骗取一定中介费后，就消失得无影无踪了。

（二）兼职劳动关系

以前，对于劳动者的兼职行为，一些司法审判机关会以劳务关系对待，以至于一些劳动者在从事兼职活动时，无法享受社会保险、节假日、最低工资标准等应有的劳动保障待遇。

2008年《中华人民共和国劳动合同法》《中华人民共和国劳动争议调解仲裁法》施行以后，若兼职者与用人单位签订了合同，则认为该兼职属于劳动关系；若双方当事人未签订合同也未达成口头协议，则认为该兼职属于劳务关系。

因此，学生在从事兼职活动时，应仔细了解自己与用人单位之间的各项权利义务，注意保护自己的合法权益。对于双方之间的法律关系及权利义务，最好能通过书面合同的形式加以确认。

三、顶岗实习

顶岗实习是职业院校人才培养中不可或缺的一环，是学生综合运用本专业所学的知识和技能，到专业对口的现场直接参与生产过程的一种实践性教学形式。

（一）了解顶岗实习单位

1.确定顶岗实习单位

根据《职业学校学生实习管理规定》，职业学校学生进行顶岗实习可由学校统一安排实习单位，也可经学校批准自行选择实习单位。

学生自行选择顶岗实习单位时要注意考察单位的资质、诚信状况、管理水平、工作环境及健康保障、安全防护条件等，选择合法经营、管理规范、设施设备完善、符合安全生产法律法规要求的实习单位。

此外，学生自行选择顶岗实习单位，必须向学校提出书面申请，填写"自主选择顶岗实习单位申请表"。

确定顶岗实习单位后一般不宜更换，但在顶岗实习过程中，如果学生因某些原因确实需要更换实习单位，可以向原实习单位和学校提出申请，并提交"顶岗实习单位变更申请表"，经原实习单位和学校同意后，学生才能更换实习单位，到新的实习单位继续进行顶岗实习。

2.了解顶岗实习单位的情况

确定顶岗实习单位后，学生要通过各种途径充分了解实习单位的相关情况，主要包括实习单位的基本信息、企业文化、管理制度等，以便提前做好相应准备，顺利开展顶岗实习工作。

（1）了解实习单位的基本信息。实习单位的基本信息主要包括企业名称、所属行业、所处位置、经营范围、主营业务等。想要了解实习单位的基本信息，可以登录实习单位网站，查看企业简介；也可以通过阅读实习单位的宣传资料进行了解；还可以在实习单位到学校举行宣讲会时，向实习单位的宣讲人员咨询。

（2）了解实习单位的企业文化。企业文化是企业全体员工在长期的生产经营活动中形成并共同遵循的最高目标、价值标准、基本信念和行为规范，也是企业的灵魂和推动企业发展的不竭动力。

作为实习生，要想尽快融入实习单位，就必须先了解其企业文化、认同其企业文化。想要了解实习单位的企业文化，可以在顶岗实习前登录实习单位网站，查看关于其企业文化的相关内容。此外，实习单位也会在入职培训时向实习生宣传单位的企业文化。

（3）了解实习单位的管理制度。管理制度是企业全体员工在生产经营活动中共同遵守的规定和准则的总称，是企业赖以生存的体制基础，是员工的行为规范。任何一个成功的企业背后都有规范的、创新的管理制度做支持。企业通过管理制度规范性地管理企业的日常活动，保证各项工作高效有序地进行。

实习生在实习期内也是实习单位的一名员工，应该了解并严格遵守实习单位的管理制度。想要了解实习单位的管理制度，可以登录实习单位网站查阅相关规章制度，也可以向学校的指导教师或到该单位实习过的学长、学姐咨询。

3.了解顶岗实习岗位的相关要求

为了更好地完成顶岗实习工作，学生应该详细了解顶岗实习岗位的相关要求，包括岗位职责、工作时间、应具备的能力要求等，以便在上岗前做好充分的心理准备和能力准备。想要了解顶岗实习岗位的相关要求，可以查阅学校下发的顶岗实习工作安排，还可以向学校的实习指导教师或企业的实习指导人员咨询。

（二）签订顶岗实习协议

1.顶岗实习协议的内容

根据《职业学校学生实习管理规定》，学生参加顶岗实习前，职业院校、实习单位、学生三方应签订实习协议，协议文本由当事方各执一份。未按规定签订实习协议的，不得安排学生实习。实习协议应明确各方的责任、权利和义务，协议约定的内容不得违反相关法律法规。

一般来说，顶岗实习协议应该包括以下基本内容：

（1）各方基本信息。职业学校的名称、地址、法定代表人或指定负责人及其联系方式；实习单位的名称、地址、法定代表人或指定负责人及其联系方式；实习生的姓名、学号、住址和联系方式等。

（2）实习时间。实习起始与结束的时间，即实习期限。

（3）实习岗位与工作内容、工作时间。

（4）实习期间的食宿和休假安排。

（5）实习报酬及支付方式。

（6）实习期间劳动保护和劳动安全、卫生、职业病危害防护条件。

（7）责任保险与伤亡事故处理办法，对不属于保险赔付范围或者超出保险赔付额度部分的约定责任。

（8）违约责任。

（9）其他事项。

2.签订顶岗实习协议的注意事项

学校统一安排的顶岗实习，通常由学校与实习单位商议顶岗实习协议的内容并起草顶岗实习协议。

学生自行选择顶岗实习单位的，一般先由学生与实习单位商议顶岗实习协议内容，起草初步的顶岗实习协议，然后提交学校审查，再由三方进行商议并确定最终的顶岗实习协议。

签订顶岗实习协议前，学生要仔细阅读所拿到的顶岗实习协议，逐项审查以下内容：

（1）顶岗实习单位的基本信息是否与之前所了解的一致，单位的法定代表人或指定负责人是否是有效主体。

（2）实习时间和内容是否与学校的安排一致，实习地点是否与之前所商议的一致，实习期间的食宿安排是否合理。

（3）协议中约定的实习工作时间和休假安排是否符合相关法律法规的规定。

（4）协议中是否明确约定了实习报酬及支付方式。

（5）协议中是否明确了工伤、意外伤害等的责任承担方和保险承担方。

签订顶岗实习协议前，对于顶岗实习协议中的条款一定要问清弄懂，如果发现有含糊不清或对自己不利的条款，一定要及时指出并要求修改，避免签订"不全协议""模糊协议"等。此外，学生自行选择顶岗实习单位的，事先与实习单位商议的协议内容，一定要写入顶岗实习协议，切不可只达成"口头协议"。

四、职业场域劳动实践案例

高职院校学生跟岗实习案例分析

一、案例介绍

2017年11月至2018年1月，在印刷专业49名学生学习了相关专业理论知识后，学校安排他们大二上学期到校企合作A企业进行为期2个月的跟岗实习。学校教师全程带领，企业为每位学生选择了导师，实习过程中理论学习和岗位实习交替进行，学生到专业相关岗位轮岗学习，且有部分参与实际辅助工作。实习期间出现的问题有：①学生在A企业报到当天，带领教师告诉全体学生他们是现代学徒制班，大二下学期还有为期2个月的跟岗实习，学生有抵触情绪，说"这学期的实习我们接受，下学期的实习坚决不去"。②学校教师及领导到A企业给学生做心理疏导和答疑解惑时，全体学生极力抵触现代学徒制，其

实抵触的不是现代学徒制教学，而是大二下学期的实习。③实习期间4名学生出现旷工情况。④实习期间学生玩手机现象严重。⑤学生在实习期间工作和学习积极性不高。

2018年5月至6月，安排印刷专业49名学生（与上为同批学生）大二下学期到校企合作B企业进行为期2个月的跟岗实习，实习主要由企业安排，实习带领教师每周去了解学生实习情况。鉴于大二上学期的实习状况及学生想法，学校在安排去企业跟岗实习前给学生做了大量思想工作，安抚他们内心，转变学生观念。实习期间出现的问题有：①个别学生认为学校安排他们去实习，企业会给学校钱。②个别学生为了不实习，给教育厅打电话投诉学校，歪曲事实；在微博乱发信息，企图造大声势；谎称自己有病。③企业安排学生加班，新的上班模式出现时，学生不能适应。

二、案例分析与措施

案例中出现诸多表面问题，产生这些问题的原因是归纳为以下几点：

（一）学生对实习计划不明确

学生以为只有大二上学期有实习，以为实习时间安排是朝九晚五。当实际情况和学生内心的"以为"不符时，他们不能及时转变想法。学生会大胆地把内心的想法通过其他形式表达出来，但表达方式有待商榷。也就是说，当事与愿违时，他们不懂得调整心态，不能克服内心障碍，总是采取抵触的应对方式，以期改变现状。

对应措施：实习计划安排应提前详细告知学生，让学生知道事实，减少猜想。实习前开展培训，使学生了解各实习阶段的学习目标、任务和考核标准，培养学生良好的心态以应对实习中可能遇到的问题，使其遇到问题时能用合理的方式解决。

（二）学生的思想意识有待改观

当学生实习中有旷工、玩手机、积极性不高等现象出现时，带领教师找学生谈话，了解他们的心理状态发现：很多学生去实习只是为了修满学分；认为实习只是干些最底层的事情，学不到什么东西，津贴少，只是为公司提供廉价劳动力；不适应从学生到职员角色的转变；让他们重复做同样的事情时，他们产生了反感心理。

应对措施：实习前对学生思想方面进行引导。实习是在校学习的延续和升华，是对专业知识的丰富和补充，是对新环境和新角色适应能力的加强，学生可以学习职场人际关系的经营。教师应引导学生专心踏实做事，从小事做起，切勿好高骛远，不要过分追求福利待遇，学会观察和思考，要善于发现问题和解决问题；培养学生的主人翁意识，提高其主动积极性，使学生在实习过程中尽快适应从学生到职员的转变。总之，学生的首要任务是学习，学习再学习。

（三）实习质量有待提高

到同一个企业实习的人数太多，企业不能提供相应的岗位，导致部分学生没事做；企业为了追求效率和利润,安排学生加班、倒班;为学生提供的实习岗位、流水手工线或体力活居多。这种情况会磨灭学生对实习的积极性,使学生对实习企业印象不好,毕业后大多数学生不会选择在实习的企业工作。

应对措施:企业提前与学校沟通实习岗位、人数、岗位对学生的要求等情况;学校根据企业的需求情况安排实习人数;通过简单的面试,使学生和岗位最佳匹配;企业给学生安排导师,带领学生实习;企业为学生提供一定的活动,让学生尽快融入"企业大家庭"。

三、案例反思

跟岗实习中出现的问题源于学生、家庭、学校、企业四方面。如何将学生、家庭、学校和企业四方的信息进行融合,使之处于平衡点,值得深思。对于学生来说,实习前对企业要多了解,不要对跟岗实习抱过高期望;摆正学习、工作态度,面对简单的工作,严格要求自己,不要敷衍了事,面对辛苦的工作,学会激励自己,不怕苦不怕累;加强自身的适应能力和自我心理调节能力;遇到困难,不要逃避,及时和教师沟通,用合理的方法解决。对于家庭来说,现在的学生很少吃苦,家长不要过于宠溺孩子,多支持学校的工作,让孩子多锻炼吃苦耐劳的精神,培养孩子的独立性、责任心、积极主动性,正确引导孩子的"三观"。对于学校来说,实习前期对学生进行培训,做好学生的思想工作,确定实习目标、任务和考核标准;提高人才培养质量,加强制度建设,注重德育和技能培养并重;通过跟岗实习,找到企业参与合作的兴趣点,让企业自愿加入人才培养过程;加强学生就业指导工作,使学生树立牢固的职业方向和定位。对于企业来说,可从实习生中挖掘企业所需的人才,作为公司储备员工来培养;给学生安排会管理且懂技术的员工作为指导教师;适当给学生安排培训课程和活动,让学生尽快从学生转变成职员。

思考与练习

1. 创建文明校园的基本原则是什么?
2. 电路维修的简单方法是什么?
3. 列举假期兼职的陷阱。

活动与训练

请根据自己的家庭情况制作一份家务清单表,要求尽可能涵盖家庭中的所有家务,写

出家务内容与家里要求的标准，填写一般完成家务的负责人，思考自己在家务劳动中的位置和责任。

家务清单表

序号	家务内容	做好标准	完成频率	完成人	自己的责任

说明：完成频率指的是每天需做家务几次，或者几天需做家务一次

第七章　劳动权益保障与劳动安全

📝 学习目标

1. 了解劳动合同必备条款及注意事项。
2. 学会保障自己的劳动权益。
3. 养成遵守安全规程的习惯。
4. 掌握一些常用的急救知识。

📝 课程引入

李某于2021年7月大学毕业后进入具有国有企业性质的A公司工作。A公司经济效益很好，员工工资水平较高。2021年10月，A公司为李某办理了城镇职工基本医疗保险，为其按时足额缴纳了医疗保险费，因此，李某对自己的工作一直比较满意。但天有不测风云，2022年3月初，李某因患上了一场大病而住院治疗。住院期间，A公司以已经为李某按时足额缴纳了医疗保险费为理由，停发了李某的工资，要求李某到医疗保险经办机构申请有关医疗待遇。6月中旬，A公司决定发给尚在住院的李某相当于5个月工资的经济补偿金并与李某解除劳动关系。李某认为公司侵害了其合法权益，委托代理人向劳动争议仲裁委员会提出申诉，请求仲裁委员会责令公司补发住院期间的病假工资、撤销解除劳动关系的决定。劳动争议仲裁委员会受理后经查，裁决A公司补发李某住院期间的病假工资，并撤销立即解除劳动关系的决定。

> **想一想**
>
> 劳动者在自身合法权益受到侵害时应如何维权？

第一节 劳动合同及其履行

一、了解劳动合同

《中华人民共和国劳动法》（以下简称《劳动法》）规定，劳动合同是劳动者与用工单位之间确立劳动关系、明确双方权利和义务的协议。

根据这个协议，劳动者加入企业、个体经济组织、事业组织、国家机关、社会团体等用人单位，成为该单位的一员，承担一定的工种、岗位或职务工作，并遵守所在单位的内部劳动规则和其他规章制度；用人单位应及时安排被录用的劳动者工作，按照劳动者提供劳动的数量和质量支付劳动报酬，并且根据劳动法律、法规的规定和劳动合同的约定提供必要的劳动条件，保证劳动者享有劳动保护及社会保险、福利等权利和待遇。建立劳动关系时应当订立劳动合同，并且订立和变更劳动合同应当遵循平等自愿、协商一致的原则，不得违反法律、行政法规的规定。劳动合同依法订立即具有法律约束力，当事人必须履行劳动合同规定的义务。

（一）劳动合同必备条款

劳动合同是员工与单位之间劳动关系权利和义务的约定。合同是缔约人之间自由意志的表现，但与其他领域的合同不同，当事人在订立劳动合同时的自由度较低，因为我国法律对于劳动合同的订立时间、订立形式、合同内容等方面有严格的规定，企业在订立劳动合同时必须严格遵守法律的强制性规定。

我国《劳动法》第十九条规定：

> 劳动合同应当以书面形式订立，并具备以下条款：
> （一）劳动合同期限；
> （二）工作内容；
> （三）劳动保护和劳动条件；
> （四）劳动报酬；
> （五）劳动纪律；
> （六）劳动合同终止的条件；
> （七）违反劳动合同的责任。

同时《中华人民共和国劳动合同法》（以下简称《劳动合同法》）对劳动合同的内容做了进一步的规定。第十七条规定：

>劳动合同应当具备以下条款：
>（一）用人单位的名称、住所和法定代表人或者主要负责人；
>（二）劳动者的姓名、住址和居民身份证或者其他有效身份证件号码；
>（三）劳动合同期限；
>（四）工作内容和工作地点；
>（五）工作时间和休息休假；
>（六）劳动报酬；
>（七）社会保险；
>（八）劳动保护、劳动条件和职业危害防护；
>（九）法律、法规规定应当纳入劳动合同的其他事项。

另外，相关的法律法规又对签订劳动合同的用人单位和劳动者的范围和资格加以规定。劳动合同的当事人必须具有合法的主体资格。用人单位必须是依法成立的企业、个体经济组织、国家机关、事业组织和社会团体，劳动者必须具备一定的资格、条件，最重要的是达到法定的就业年龄，必须是年满16周岁。文艺、体育以及特种工艺单位招用未满16周岁的未成年人，必须依照国家有关规定，履行审批手续，并保障未成年人接受义务教育的权利，用人单位不能招用童工（16周岁以下）。

（二）劳动合同注意事项

签订劳动合同时要注意以下事项：

（1）用人单位自用工之日起超过一个月不满一年未与劳动者订立书面劳动合同的，应当依照《劳动合同法》的规定向劳动者每月支付两倍的工资（两倍工资的起算时间为用工之日起满一个月的次日，截止时间为补订书面劳动合同的前一日），并与劳动者补订书面劳动合同。

（2）劳动合同履行地与用人单位注册地不一致的，有关劳动者的最低工资标准、劳动保护、劳动条件、职业危害防护和本地区上年度职工月平均工资标准等事项，按照劳动合同履行地的有关规定执行；用人单位注册地的有关标准高于劳动合同履行地的有关标准，且用人单位与劳动者约定按照用人单位注册地的有关规定执行的，从其约定。

（3）劳动者在试用期的工资不得低于本单位相同岗位最低档工资的80%或者不得低于劳动合同约定工资的80%，并不得低于用人单位所在地的最低工资标准。

（4）用人单位应当支付对劳动者进行专业技术培训的有凭证的培训费用、培训期间的差旅费用及因培训产生的用于该劳动者的其他直接费用。

（5）除劳动者与用人单位协商一致的情形外，劳动者依照《劳动合同法》规定，提出订立无固定期限劳动合同的，用人单位应该与其订立无固定期限劳动合同。对劳动合同的内容，双方应当按照合法、公平、平等自愿、协商一致、诚实信用的原则协商确定。

（6）自用工之日起一个月内，经用人单位书面通知后，劳动者不与用人单位订立书面劳动合同的，用人单位应当书面通知劳动者终止劳动关系，无须向劳动者支付经济补偿，但是应当依法向劳动者支付其实际工作时间的劳动报酬。

（7）劳动合同期满，但是用人单位与劳动者依照约定的服务期尚未到期的，劳动合同应当续延至服务期满；双方另有约定的，从其约定。

（8）职工连续工作满10年的起始时间，应当自用人单位用工之日起计算，包括《劳动合同法》施行前的工作年限。

（9）用人单位与劳动者不得在《劳动合同法》规定的劳动合同终止情形之外约定其他的劳动合同终止条件。

（10）劳动者非因本人原因从原用人单位被安排到新用人单位工作的，劳动者在原用人单位的工作年限合并计算为新用人单位的工作年限。原用人单位已经向劳动者支付经济补偿的，新用人单位在依法解除、终止劳动合同计算支付经济补偿的工作年限时，不再计算劳动者在原用人单位的工作年限。

拓展阅读

应届生三方协议与劳动合同的关系

三方协议是《普通高等学校毕业生就业协议书》的简称，它是明确毕业生、用人单位、学校三方在毕业生就业工作中的权利和义务的书面表现形式，能解决应届毕业生户籍、档案、保险、公积金等一系列相关问题。三方协议是普通高等学校毕业生和用人单位在正式确立劳动人事关系前，经双向选择，在规定期限内就确立就业关系、明确双方权利和义务而达成的书面协议；是用人单位确认毕业生相关信息真实可靠以及接收毕业生的重要凭据；是高校进行毕业生就业管理、编制就业方案以及毕业生办理就业落户手续等有关事项的重要依据。

2009年，教育部高校学生司发布了《关于修订〈普通高等学校毕业生就业协议书〉若干意见的通知》（教学司〔2009〕28号），将三方协议的制定权下放至省级教育主管部门，各省修订后的三方协议文本上均采用了经过数据加密处理的专用条码防伪方式，每个毕业生有且仅有一份。

三方协议虽然也规定了一些劳动关系涉及的内容，但它不能代替劳动合同，它与劳动合同相比存在以下区别：

第一，签订时间不同。三方协议是学生在校期间签订的；而劳动合同是毕业生毕业离校后到用人单位正式报到时签订的。

第二，主体不同。三方协议的主体是三方，即学校、毕业生和用人单位；而劳动合同的主体是两方，即劳动者和用人单位。

第三，内容不同。三方协议的主要内容是毕业生如实介绍自身情况并表示愿意到用人单位就业，用人单位表示愿意接收毕业生，学校同意推荐毕业生并列入就业方案；而劳动合同是记载劳动者与用人单位的权利和义务，是劳动关系确立的法律凭证。

第四，目的不同。三方协议是毕业生和用人单位关于将来就业意向的初步约定，是编制毕业生就业方案和将来双方订立劳动合同的依据；而劳动合同主要是劳动关系确立后使劳动者和用人单位的合法权益得到应有的保障。

第五，适用的法律不同。三方协议订立后如发生争议，解决的主要依据是《普通高等学校毕业生就业工作暂行规定》《合同法》等；而劳动合同订立后，发生争议解决的主要依据是《劳动法》《劳动合同法》及相关法律法规、司法解释。

需要注意的是，三方协议与劳动合同并非没有任何联系。三方协议中的毕业生就业之后的工作性质、地点、期限、工资薪金、社会保险和公积金等涉及劳动合同关系的条款与双方正式签订的劳动合同的内容基本一致。通过三方协议中的内容，毕业生基本可以预见到自己与用人单位建立劳动关系之后所享有的权利和应承担的义务。

二、劳动合同的履行

劳动合同应当履行的几种情形：

（1）用人单位应当按照劳动合同约定和国家规定，向劳动者及时足额支付劳动报酬。用人单位拖欠或者未足额支付劳动报酬的，劳动者可以依法向当地人民法院申请支付令，人民法院应当依法发出支付令。

（2）用人单位应当严格执行劳动定额标准，不得强迫或者变相强迫劳动者加班。用人单位安排加班的，应当按照国家有关规定向劳动者支付加班费。

（3）劳动者拒绝用人单位管理人员违章指挥、强令冒险作业的，不视为违反劳动合同。劳动者对危害生命安全和身体健康的劳动条件，有权对用人单位提出批评、检举和控告。

（4）用人单位变更名称、法定代表人、主要负责人或者投资人等事项，不影响劳动合同的履行。

（5）用人单位发生合并或者分立等情况，原劳动合同继续有效，劳动合同由承继其权利和义务的用人单位继续履行。

知识链接

劳动合同的解除和终止

（一）劳动合同的解除

劳动合同的解除，是指劳动合同有效成立之后，尚未履行完毕或者未全部履行以前，因一定的法律事实的出现，合同当事人双方或一方依据其意思表示而提前终止劳动关系的法律行为。劳动合同有以下两种解除方式：

（1）协议解除。劳动合同协议解除，又称双方解除或协商解除，是指因主客观情况的变化，劳动合同双方当事人在完全自愿的情况下，经协商一致解除劳动合同。劳动合同是基于双方当事人合同成立，本着合同自由的原则，无论是定期还是不定期的劳动合同，只要双方当事人彼此同意即可解除劳动合同。《劳动合同法》第三十六条规定："用人单位与劳动者协商一致，可以解除劳动合同。"《劳动法》第二十四条规定："经劳动合同当事人协商一致，劳动合同可以解除。"

（2）单方解除。单方解除，又称法定解除，是指劳动合同有效成立后，尚未履行或全部履行前，因一定法律事实的出现，由一方当事人依法提前终止劳动合同的法律效力，单方解除劳动合同约定的双方权利义务关系的法律行为。单方解除包括劳动者的单方解除和用人单位解除劳动合同。

（二）劳动合同的终止

（1）劳动合同终止的条件。劳动合同终止是指劳动合同的法律效力依法被消灭，也就是用人单位与劳动者之间的劳动关系终结，彼此之间原有的权利和义务关系不复存在。注意：劳动合同只能是法定终止，双方不能约定合同的终止条件。根据《劳动合同法》第四十四条的规定，劳动合同法终止的条件有以下几种：

①劳动合同期满的。

②劳动者开始依法享受基本养老保险待遇的。我国劳动者可以依法开始享受基本养老保险待遇的条件大致有两个：一是劳动者已正常退休；二是个人缴纳养老保险费年限累计满15年或者个人缴费和视同缴费年限累计满15年。

③劳动者死亡，或者被人民法院宣告死亡或者宣告失踪的。依照相关法律规定，公民下落不明满两年的，利害关系人可以向人民法院申请宣告他为失踪人。

④用人单位被依法宣告破产的。

⑤用人单位被吊销营业执照、责令关闭、撤销或者用人单位决定提前解散的。

⑥法律、行政法规规定的其他情形。

（2）劳动合同终止的限制与对劳动者的保护。虽然劳动合同终止的条件是法定的，但是需要特别注意，为了保护一些特殊劳动者的合法权益，《劳动合同法》对用人单位终止劳动合同做出了一些特殊规定，目的是限制用人单位任意终止劳动合同给劳动者带来利益上的损害。《劳动合同法》第四十五条的规定："劳动合同期满时，劳动者有本法第四十二条规定情形之一的，劳动合同应当延续至相应的情形消失时止。"（相关内容可查看《劳动合同法》）

第二节　劳动权益与社会保障

一、劳动权益

（一）劳动者拥有的劳动权益

劳动权益是劳动权利和劳动收益的统称。劳动收益是劳动者劳动之后获得的报酬，而劳动权利包括以下几方面：

（1）平等就业的权利。劳动者有平等就业的权利，不因民族、种族、性别、宗教信仰不同而受歧视，用人单位在招聘时不得设置不合理的限制条件。

实践中，就业歧视或多或少地存在着，如性别限制、年龄限制、婚育情况限制、户籍限制等。针对某些不合理的条件设置，用人单位有义务证明这些条件是完成岗位工作职责的必要条件，否则用人单位将承担就业歧视的不利后果，包括赔礼道歉、赔偿应聘者经济损失、精神损失以及遭受行政处罚等。

（2）签订书面劳动合同的权利。我国劳动法规定用人单位应自用工之日起一个月内与劳动者签订书面劳动合同。如超过一个月不满一年未与劳动者订立书面劳动合同的，用人单位应当向劳动者每月支付两倍的工资；用工满一年仍未签订书面合同的，视为用人单位已经与劳动者订立无固定期限劳动合同。

（3）享受劳动报酬、社会福利、休息休假的权利。劳动者依法享有获得基本工资、绩效工资、加班工资、奖金奖励、津贴等劳动报酬的权利，用人单位需按劳动合同约定和公司制度规定的时间以货币形式进行支付，且劳动者在正常提供劳动的情况下，其获得的劳动报酬应不低于当地最低工资标准。用人单位应按法律规定为劳动者缴纳社保及住房公积金，如用人单位未为劳动者缴纳社保、公积金的，劳动者有权要求用人单位进行补缴，同时在发生工伤事件时要求用人单位承担本应由社保基金支付的部分。

劳动者除享有法定标准工作时间外的下班休息、周末休息、法定节假日休息的权利外，还享有带薪休年假、生育假、婚丧假的权利。用人单位安排劳动者在法定标准工作时间外工作的，应支付加班工资。

案例

学生维权案例

2021年5月，河南某大学与某市某企业签订了实习协议，双方约定：该大学向这家企业提供实习生58名，企业对实习生进行实习教学，实习期限为2021年5月8日至2021年11月7日。2022年5月，郑某等3人被学校委派到该企业实习，从事技术员工作。7月1日，3人在学校正常领取了大学毕业证书。随后3人提出，他们已经属于毕业生，而不再是学校委派的实习生，企业应当给予他们正常劳动者的待遇，但此要求遭到企业拒绝。学校和企业都认为只有实习期满才能获得正式员工的待遇。9月24日，3位毕业生决定离开该企业，但该企业坚持不向3人发放9月份工资，双方为工资给付等问题产生了劳动争议。此后，3位毕业生向该市劳动争议仲裁委员会申请仲裁，该委员会认为此案不属于其受理范围，于10月23日发出不予受理通知书。10月26日，3人向该市人民法院提起诉讼。受理案件后，办案法官最终使双方达成调解协议。12月27日，郑海等3位毕业生拿到了应得的工资。

（4）享受劳动保护的权利。用人单位应当为劳动者提供必要的劳动安全防护用品，特别是高危高风险行业的劳动者，如建筑工人、煤矿工人等。

针对女职工，用人单位不得安排女职工从事不适宜其身体情况的工作内容，特别是"四期"（经期、孕期、产期、哺乳期）的女职工。

（5）维护劳动关系稳定的权利。用人单位与劳动者建立劳动关系后，不得随意变更劳动合同内容，包括岗位变更、工作内容变更、薪资变更、工作地点变更等。

用人单位解除劳动关系有非常严格的前提条件和解除程序要求，除存在"试用期间被证明不符合录用条件的；严重违反劳动纪律或者用人单位规章制度的；营私舞弊，对用人单位利益造成重大损害的；被依法追究刑事责任的；同时建立多份劳动关系且对本职工作造成严重影响或经要求拒不改正的；因劳动者原因劳动合同无效的"几种情况之一的，用人单位以其他任何理由解除劳动合同或者劳动合同期满后拒绝或变相续签劳动合同的，均应向劳动者支付经济补偿金。

（二）维护劳动权益

当劳动者与单位发生劳资纠纷时，可以通过以下渠道维护自身权益：

（1）到劳动保障监察部门投诉。

遇到拖欠工资、克扣工资的情况，劳动者可以直接到当地劳动保障监察部门进行投诉。如果劳动保障监察部门没有处理，劳动者可以到人民检察院申请对劳动保障监察部门是否依法履职进行监督。

（2）向调解组织申请调解。

因劳动报酬发生争议时，劳动者可书面或者口头向企业劳动争议委员会、基层人民调解组织及乡镇、街道具有劳动争议调解职能的组织申请调解。如果调解结束，用人单位在协议约定期限内没有支付工资，劳动者可持调解协议书向地方人民法院申请支付令。如果法院发出支付令后，用人单位依然不支付，可以向人民法院申请执行。如果人民法院不执行或者不积极执行，劳动者可以到人民检察院申请对人民法院执行支付活动进行监督。

（3）向劳动部门申请仲裁。

调解组织15日内未作出调解协议的，劳动者可申请仲裁。劳动者也可以在劳动关系存续期间及劳动关系终止一年内，不经调解，直接向当地劳动争议仲裁委员会申请仲裁。

如果有了仲裁书，用人单位依然不支付工资，劳动者可持仲裁书到人民法院申请执行。如果人民法院不执行或者不积极执行，劳动者可以到人民检察院申请对人民法院执行仲裁裁决的活动进行监督。

（4）向人民法院提起民事诉讼。

劳动仲裁委员会逾期未作出仲裁裁决的，劳动者可以直接向人民法院提起诉讼。劳动者也可以不经仲裁直接向人民法院提起诉讼。若人民法院不立案，劳动者可以向人民检察院申诉。

如果认为人民法院作出的生效法律文书违法或者是审判人员在审判程序中存在违法情节，可以申请人民检察院进行监督。同时，还可以向人民检察院申请对人民法院生效判决、裁定、调解书执行活动进行监督。

（三）实习生劳动权益及劳动安全保障

作为职业院校实习生，应该如何在实习期间维护自己的权益，保障自己的劳动安全呢？教育部等部门联合印发的《职业学校学生实习管理规定》明确规定：

①职业学校、实习单位、学生三方未按照规定签订实习协议的，不得安排学生实习。

②不得安排学生到酒吧、夜总会、歌厅、洗浴中心、电子游戏厅、网吧等营业性娱乐场所实习。

③不得安排学生加班和上夜班。

④顶岗实习报酬，原则上不低于本单位相同岗位试用期工资标准的80%。

⑤实习单位不得向学生收取实习押金。

⑥未满18周岁的学生参加跟岗实习、顶岗实习应取得学生监护人签字的知情同意书。

此外，实习生在实习期间注意劳动安全，应该做到：

①严格遵守工作纪律，坚持做到不迟到、不早退、不串岗、不脱岗，顶岗工作期间不办私事，工作之余不私自外出，遇事请假。

②加强安全防范意识，注意交通安全、防触电、防溺水、防中毒、防雷电。

③严格遵守岗位操作规程和安全管理制度，严防机械事故、人身伤亡事故等工作责任事故及人身安全事故的发生。

④实习过程中，严格检查设备和场地，凡发现不符合安全生产要求，有进入危险厂房、接触危险设备、进入危险场地可能的，学生应及时向实习指导教师反映，有权停止操作，待检查合格后再进行操作。

二、社会保障

（一）社会保障制度

社会保障是以国家或政府为主体，通过国民收入的再分配，对公民在暂时或永久丧失劳动能力以及由于各种原因导致生活困难时给予物质帮助，以保障其基本生活的制度。社会保障由社会保险、社会救济、社会福利和优抚安置等组成。

社会保障的对象是国家的全体居民，只要是合法的居民，都有权利享受政府规定的社会保障，不分城市和乡村，不分工人和农民，不分干部与群众。具体而言，社会保险的主要对象是全体劳动者。社会救助的对象包括无依无靠、完全没有生活来源的人；有劳动能力、有收入但因为受灾一时生活困难的人；有收入、生活水平小于或等于法定最低标准的人。社会福利的对象是所有公民。优抚安置的对象主要是烈士军属、复员退伍军人、残疾军人及其家属。

社会保险是社会保障制度的核心内容。社会保险是指国家通过法律强制实施，为工薪劳动者在年老、疾病、生育、失业以及遭受职业伤害的情况下，提供必要的物质帮助的制度。社会保险项目分为养老保险、失业保险、医疗保险、工伤保险和生育保险。我国职工还有另一项保障，即住房公积金。加上以上五种保险，统称为"五险一金"。现实中，有的企业会提供以上五种保险的三险或四险，也有的企业会提供更多的保险项目。

养老保险制度，是指缴费达到法定期限并且个人达到法定退休年龄后，国家和社会提供物质帮助以保证因年老而退出劳动领域者拥有稳定、可靠的生活来源的社会保险制度。养老保险制度由职工基本养老保险制度、新型农村社会养老保险制度和城镇居民社会养老保险制度三个部分组成。

失业保险制度，是指国家为因失业而暂时失去工资收入的社会成员提供物质帮助，以保障失业人员的基本生活，维持劳动力的再生产，为失业人员重新就业创造条件的一项社会保险制度。

医疗保险制度，是指按照国家规定缴纳一定比例的医疗保险费，在参保人因患病和意外伤害而就医诊疗时，由医疗保险基金支付一定医疗费用的社会保险制度。医疗保险制度由职工基本医疗保险制度、新型农村合作医疗制度、城镇居民基本医疗保险制度三个部分组成。

工伤保险制度，是指由用人单位缴纳工伤保险费，对劳动者因工作原因遭受意外伤害或者职业病，从而造成死亡、暂时或者永久丧失劳动能力时，给予职工及其相关人员工伤保险待遇的一项社会保险制度。

生育保险制度，是指由用人单位缴纳保险费，其职工按照国家规定享受生育保险待遇的一项社会保险制度。

住房公积金，是指国家机关和事业单位、国有企业、城镇集体企业、外商投资企业、城镇私营企业及其他城镇企业和事业单位、民办非企业单位、社会团体及其在职职工对等缴存的长期住房储蓄。

（二）获得社会保障

职工通过所在单位与国家相关部门建立联系，获得社会保障。新员工入职后，用人单位要为职工建立人事档案，职工填写相关表格，用人单位提交给相应的社会保障部门审核后登记。

职工入职后，企业每个月在核算工资时，也需同时核算"五险一金"的金额，为职工足额缴纳相应费用。如果用人单位没有按时足额缴纳，有关行政部门有权处以1倍以上、3倍以下的罚款。

基本养老保险实行社会统筹与个人账户相结合。用人单位应当按照国家规定的本单位职工工资总额的比例缴纳基本养老保险费，记入基本养老保险统筹基金。职工应当按照国家规定的本人工资的比例缴纳基本养老保险费，记入个人账户。个人账户不得提前支取，个人死亡的，个人账户余额可以继承。职工必须缴费满15年，才能享受基本养老保险待遇，但并不代表缴满15年就可以不缴费，只要职工与用人单位建立劳动关系，就应按规定缴费。职工达到法定退休年龄但缴费不足15年的，可以在缴费至满15年后享受基本养老保险待遇。

基本医疗保险费由用人单位和职工共同缴纳。用人单位缴费率应控制在职工工资总额的6%左右，职工缴费率一般为本人工资收入的2%。

工伤保险实行用人单位单方缴费制度，用人单位为本单位职工缴纳工伤保险费，职工不缴纳工伤保险费，职工在受到工伤事故伤害时由工伤保险基金为其提供相应的工伤保险待遇。

失业保险由用人单位和职工共同缴纳。失业人员失业前，用人单位和本人累计缴费满1年不足5年的，领取失业保险金的期限最长为12个月；累计缴费满5年不足10年的，领取失业保险金的期限最长为18个月；累计缴费10年以上的，领取失业保险金的期限最长为24个月。重新就业后，再次失业的，缴费时间重新计算，领取失业保险金的期限与前次失业应当领取而尚未领取的失业保险金的期限合并计算，最长不超过24个月。失业保险金的标准由省、自治区、直辖市人民政府确定，不得低于城市居民最低生活保障标准。失业人员在领取失业保险金期间，参加职工基本医疗保险，享受基本医疗保险待遇。失业人员应当缴纳的基本医疗保险费从失业保险基金中支付，个人不缴纳基本医疗保险费。

生育保险费由用人单位按照国家规定缴纳，职工不缴纳生育保险费。

住房公积金由单位和职工共同缴纳。城镇个体工商户、自由职业人员也可以申请缴存住房公积金，月缴存基数原则上按照缴存人上一年度月平均纳税收入计算。

第三节　遵守安全规程和日常安全防范

一、遵守劳动安全卫生操作规程

在社会主义制度下，劳动者的权利与义务相互依存、不可分离，两者是统一的，任何权利的实现总要以义务的履行为条件。认真学习《劳动法》，不断增强劳动法律意识，劳动者才能懂得依法维护自己的合法权益。

《劳动法》第五十六条规定："劳动者在劳动过程中必须严格遵守安全操作规程。"国家制定的安全卫生操作规程，是劳动者在劳动过程中生命安全、身体健康的法律保证，也是进行正常生产活动、维持企业正常运转的保障。劳动者在劳动过程中既享有劳动保护的权利，又担负执行劳动安全卫生操作规程的义务。劳动者只有严格遵守安全卫生方面的规定，文明生产、安全生产，才能保障生产顺利进行，劳动者自身的生命安全和身体健康才有切实保障。

劳动者在劳动过程中要自觉执行劳动安全卫生规程，必须做到：

①遵守劳动纪律。劳动纪律是组织社会劳动的基础，是进行共同工作所必需的。劳动纪律要求劳动者在共同劳动过程中遵守一定的规则和秩序，听从管理者的指挥和调度。劳动纪

律是每个劳动者按照规定的时间、质量、程序和方法完成自己所承担的生产任务或工作任务的行为准则。

②遵守职业道德。职业道德是所有从业人员在职业活动中应该遵循的行为准则，涵盖了从业人员与服务对象、职业与职工、职业与职业之间的关系。我国的职业道德，是以为人民服务为核心的社会主义道德在职业活动中的体现。其基本要求是：爱岗敬业、诚实守信、办事公道、服务群众、奉献社会。

③执行劳动安全卫生规程。执行劳动安全卫生规程不仅对劳动者的生命和健康有利，也能防止、消除生产过程中的各种职业危害，保证生产顺利进行。

二、日常安全防范措施

青少年应当经常参加生产劳动，学习并掌握一定的劳动技能，培养热爱劳动的思想品质。在劳动中，青少年一定要把安全放在第一位，做到遵守纪律、服从管理、听从指挥，不随意行动。劳动时不要用劳动工具嬉笑打闹，互相追逐，以防对自己或对他人造成伤害。

青少年在学校以及劳动中应该如何保护自己的安全呢？青少年必须做到：

①服装得体。换好适合劳动的服装，服装以透气、舒适为宜。

②正确使用工具。熟悉劳动工具的正确使用方法，避免因方法不当而对自己或他人造成伤害。

③了解安全常识。准备工作中最重要的一项，就是要了解该项劳动的安全常识，避免在劳动中发生危险情况。

④遵守劳动纪律。服从分配听指挥，在劳动中要做到劳动时不和同学玩耍、打闹，特别是使用工具时严禁嬉戏、追逐、打闹；必须在指定范围内参加劳动；不擅自改变劳动的有关规定。

⑤虚心请教。掌握劳动要领不仅能提高劳动的速度和质量，而且能避免事故的发生，要做到认真听取老师或师傅的讲课，记住劳动的程序，领会劳动的操作要领。在劳动过程中，要虚心接受指导，及时改正不正确的动作，遇到不会操作的地方要及时请教。

⑥切忌蛮干，量力而行。每个人的体质不同，力气有大有小，盲目蛮干会伤害身体，青少年处于生长时期，更要注意保护身体。

⑦远离危险物品。劳动时不要接触有害物质，如硫酸、农药等；不随便触摸、玩弄电器及电源开关等；应远离没有防护装置的传送带、砂轮、电锯等危险劳动工具，以免发生意外；注意个人卫生，尤其是在劳动中接触农药等有害物质的，要及时洗手，避免因不小心导致农药中毒。

案例

违规操作引发安全事故

2021年12月,河南省某公司南厂区的一栋闲置厂房,在违规气割作业过程中引发火灾,造成11人死亡、1人受伤,建筑物火灾面积为3 630平方米,直接经济损失达1 467万元。

事故调查组按照"科学严谨、依法依规、实事求是、注重实效"的原则,通过现场勘察、检验测试、技术鉴定、调查取证、综合分析,查明了事故发生的经过、原因、应急处置、人员伤亡和直接经济损失情况,认定了事故性质和责任,提出了对有关责任人员及责任单位的处理建议和事故防范措施建议,形成了事故调查报告。

该起事故的直接原因为:气焊切割作业人员张某在不具备特种作业资质、未履行动火审批手续、未落实现场监护措施、未配备有效灭火器材的情况下,违规进行气焊切割作业,在切割金属管道时,引燃墙面保温材料并发生火势的蔓延和扩大,燃烧产生的高温有毒烟气导致11名人员死亡。

导致火灾蔓延扩大并造成人员伤亡的原因:事故建筑墙体、顶板大量使用聚苯乙烯、聚氨酯等易燃可燃建筑保温材料。此类材料热解快、燃点低,被气焊作业引燃后,蔓延速度极快,同时产生大量高温、有毒烟气(一氧化碳、氰化氢等),导致被困人员死亡。

第四节 劳动保护与安全常识

一、了解劳动防护用品

劳动防护用品是为了保护劳动者在生产过程中的安全和健康而发放给劳动者个人使用的防护用品。劳动防护用品的作用:用于防护有灼伤、烫伤或者容易发生机械外伤等危险的操作;用于防护在强烈辐射或者低温条件下的操作;用于防护散放毒性、刺激性、感染性物质或者大量粉尘的操作等。正确佩戴劳保用品可以使从业人员在劳动过程中避免遭受或减轻事故伤害及职业危害,是保障从业人员人身安全与健康的重要措施,也是保障生产经营单位安全生产的基础。

劳动防护用品可分为头部护具、呼吸护具、眼部护具、听力护具、脚部护具、手部护具、身体护具、防坠落护具、护肤用品九类。头部护具是用于保护头部,防撞击、挤压伤害、防物料喷溅、防粉尘等的护具,主要有玻璃钢安全帽、塑料安全帽、橡胶矿工安全帽、胶纸安全帽、防寒安全帽和竹藤安全帽及防尘帽、防冲击面罩等。呼吸护具是用于预防尘肺和职业病的重要防护品，用于保护作业人员的眼睛、面部，防止外来伤害，可分为焊接用眼部护具、炉窑用眼部护具、防冲击眼部护具、微波防护具、激光防护镜及防X射线、防化学、防尘等眼部护具。听力护具是长期在90dB（A）以上或短时在115dB（A）以上环境中工作时应使用的防护用具，分为耳塞、耳罩和帽盔三类。脚部护具是防止足部伤害的防护用具，如防滑鞋、防滑鞋套、防静电安全鞋、钢头防砸鞋等。手部护具用于手部保护，主要有耐酸碱手套、电工绝缘手套、电焊手套、防X射线手套、石棉手套、丁腈手套等。身体护具用于保护职工免受劳动环境中物理、化学因素的伤害的护具，可分为特殊防护服和一般作业服两类。防坠落护具用于防止坠落事故发生，主要有安全带、安全绳和安全网。护肤用品用于外露皮肤的保护，可分为护肤膏和洗涤剂。

劳动防护用品使用注意事项有：

（1）根据作业场所的危害因素及其危害程度，正确选用劳动防护用品。

（2）通过教育培训，做到"三会"，即会检查防护用品的安全可靠性，会正确使用防护用品，会维护保养防护用品。

（3）严禁故意或无故弃用防护用品，确保个人劳动防护用品状况良好，如有损坏，应立即向管理人员报告，及时更换。

（4）用于急救的呼吸器要定期检查，确保有效。同时，应将其妥善存放在可能发生事故的邻近处，以便取用。

二、识别安全色与安全标志

安全色和安全标志是在特定工作环境中，为了提醒劳动者做好防护而设置的。每一种安全色、每一个安全标志都具有特定的含义，需要我们正确识别。

（一）安全色

按照我国安全色标准规定，安全色有红色、蓝色、黄色、绿色四种。红色表示禁止、停止，用于禁止标志。例如，机器设备上的紧急停止手柄或按钮及禁止触动的部位都使用红色。红色有时也用于防火。

蓝色表示指令，必须遵守。

黄色表示警告和注意。例如，厂内危险机器和警戒线、行车道中线、安全帽等。

绿色表示安全状态或可以通行。例如，车间内的安全通道、行人和车辆通行标志、消防设备和其他安全防护设备都用绿色。

(二)安全标志

安全标志分为禁止标志、指令标志、警告标志和提示标志四类(表7-1)。安全标志牌要求被放在醒目的地方。

安全标志的类别及作用见表7-1。

表7-1 安全标志的类别及作用

安全标志类别	作用
禁止标志	禁止人们的不安全行为。其基本形式为带斜杠的圆形框,圆环和斜杠为红色,其图形符号为黑色,衬底为白色
指令标志	强制人们必须做出某种动作或采用防范措施。其基本形式是圆形边框,其图形符号为白色,衬底为蓝色
警告标志	提醒人们对周遭环境引起注意,以避免可能发生的危险。其基本形式为正三角形边框,三角形边框及图形符号为黑色,衬底为黄色
提示标志	向人们提供某种信息,如标明安全设施或场所。其基本图形是正方形边框,图形符号为白色,衬底为绿色

三、劳动救援

日常生活中,无论在校内还是在校外,大学生都有可能遇到一些突发情况,如果掌握现场急救知识,往往能为患者赢得宝贵时间并挽救患者的生命。另外,喜欢参加体育运动和野外活动的学生越来越多,掌握一些关于包扎、止血、冻伤、溺水、中暑等的急救知识非常实用。

(一)一般急救常识

1.心肺复苏

心肺复苏是挽救病人,使其恢复心跳和呼吸,避免脑损伤的一种急救技术。在日常生活中,人们难免会遇到各种疾病或意外事件。因此,学习与掌握心肺复苏的操作和技能是很必要的。心肺复苏的操作程序如下:

(1)判断患者有无反应。轻摇患者肩膀及在耳边叫唤,并大声问:"你怎么啦?"测试患者神志是否清楚,若有回应,则表示气道仍然畅通;若患者人事不省,则应立即请旁人协助。

(2)呼救,拨打120急救电话。若呼唤无反应,则立即呼救,目的是叫人协助急救和通知医院与医疗急救部门,申请急救车服务。

"120"是我国统一实施的医疗急救电话号码。如果在场目击者只有一人,患者呼吸、心跳停止,应先进行心肺复苏1~2分钟后再尽快拨打120急救电话呼救;如果现场有多人,呼救与抢救可同时进行。如患者独自一人,在神志清醒时,应尽快拨通120急救电话，将自己的伤情、地点详细告诉对方，请求速来急救或呼救旁人速来协助。

（3）摆好患者身体。为使复苏有效，患者必须仰卧在坚实而无弹性的平面上，头部与躯干呈水平位，身体无扭曲，两臂放在身旁，解开衣领，松开裤带。抢救者跪于患者的右侧，两腿自然分开，一只膝关节位于患者肩部，另一只膝关节位于患者腰部，抢救者双腿与肩同宽，并尽量贴近患者。

（4）清除患者口腔异物。迅速清除患者口、鼻、咽喉内的异物，如凝血块、痰液、呕吐物等。一只手用拇指、食指拉出舌头，另一只手食指伸入口腔和咽部，迅速将血块、异物取出。

（5）打开患者气道。清理干净气道异物后，需要继续保持气道通畅。一只手放在患者前额上，手掌向后下方施力，使头向后仰；另一只手的食指及中指将患者下颌颌托起。此时，拉开颈部，尽量让头后倾。注意手指不要压向喉部，以免阻塞气道。

（6）判断患者呼吸情况。将面颊贴近患者口鼻部，眼睛朝向患者胸部，判断患者呼吸是否存在。同时默数1001、1002、1003、1004、1005（5秒钟），如已无呼吸，应立即进行人工呼吸。

（7）对患者进行胸外心脏按压。胸外心脏按压是心肺复苏的主要方法，它通过压迫患者胸骨，对心脏给予间接按摩，使心脏排出血液，参与血液循环，以恢复心脏的自主跳动。具体操作要点如下：

①让需要进行心脏按压的患者仰卧在平整的地面或木板上。

②施救人员位于患者一侧，双手重叠放在患者胸部两乳正中间处，用手向下挤压胸骨，使胸骨下陷按幅度5～6厘米，然后迅速放松，放松时手不离开胸部。如此反复有节律地进行。

30次胸外心脏按压和2次人工呼吸为一个循环，每5个循环检查一次患者呼吸、脉搏是否恢复，直到医护人员到场。

（8）对患者进行人工呼吸。对口进行人工呼吸是为患者肺部供应氧的首选快速有效的方法。使患者仰卧，施救人员位于其头部一侧，捏住患者的鼻孔，深吸气后，将自己的嘴紧贴患者的嘴吹入气体。之后，离开患者的嘴，放开鼻孔，一手压患者胸部，助患者呼出体内气体，如此有节律地反复进行。注意吹气时不要用力过猛，以免造成患者肺泡破裂。每次吹气应持续1~2秒。

2.创伤处理

（1）外伤止血的常用方法及其说明见表7-2。

表7-2 外伤止血的常用方法及其说明

方法	说明
直接压迫法	直接压迫法，也称为指压止血法，适用于头面部及肢体无异物的伤口出血。施救人员首先检查患者伤口有无异物，如无异物，将干净的纱布垫或手帕等放在伤口的出血部位，然后直接用手指按压。如果血液渗透了按压在伤口上的纱布垫，不用管它，继续施压，尤其注意不要更换纱布垫；也可以直接用手指按压出血处；或者将手压在伤口近心端的动脉之上，向骨骼的方向用力施压。保持压力15分钟以上，不要时紧时松
加压包扎法	加压包扎法适用于肢体末端较轻的、无异物的出血。施救人员用绷带及类似的条状物用力缠绕患者伤口，固定以后要检查手指或脚趾末端的血液循环情况，若出现青紫、发凉，说明绷带扎得过紧，要松开重新包扎
间接压迫法	间接压迫法适用于有异物（如匕首、碎玻璃片等）的伤口。施救人员首先在患者伤口周围垫上干净的纱布垫，再用绷带加压包扎
抬高伤处法	抬高伤处法是指在可能的情况下，将患者伤处抬高至心脏位置以上，可减慢出血速度
用冰冷敷法	用冰冷敷法是指用冰冷敷促使血管收缩并减少流血。可以用碎冰或冰毛巾冷敷患处，适用于鼻子等部位出血
其他	如果伤口比较小，出血量比较少，可以清理伤口后贴上创可贴，可快速止血

（2）创伤常用的包扎方法及其说明见表7-3。

表7-3 常用的包扎方法及其说明

方法	说明
环形包扎法	环形包扎法是最基本也是最常用的包扎方法，适用于较均匀伤口的包扎。 方法：第一圈环绕时，绷带稍做斜置，以后环绕时每一圈压住前一圈的绷带，这样包扎更加稳固。此种方法适合于颈部、头部、腿部和胸腹部的小伤口包扎
螺旋包扎法	螺旋包扎法适用于四肢、躯干部位的包扎。 方法：用无菌敷料覆盖伤口，先环形缠绕两圈；从第三圈开始，环绕时压住前一圈的1/2或1/3处，最后用胶布粘贴固定
"8"字形包扎法	"8"字形包扎法多用于手掌外伤、足部外伤和足踝扭伤，选用弹力绷带最佳。 方法：用弹力绷带向上包一圈后再向下包一圈，使每一圈都与前一圈相互交叉，并覆盖上一圈的1/2
三角巾头部帽式包扎法	三角巾头部帽式包扎法的具体方法：将三角巾底边折叠约两横指宽，边缘置于患者前额齐眉处，顶角向后；三角巾两底边经耳上向后在枕部交叉并压住顶角，再经耳上绕到前额齐眉打结；顶角拉紧，折叠后掖入头后部交叉处内侧

3.骨折的简易固定

当出现外伤后，局部组织出现"红、肿、热、痛和功能障碍"等现象时应考虑有骨折的可能。例如，臂骨折是很多爱好体育的学生最容易出现的骨折类型。此时前臂出现皮肤发红、肿胀、发热和疼痛，前臂不能抬起功能障碍。固定是针对骨折的患者所采用的一项急救措施。其目的是固定伤处，限制骨折部位的移动，避免骨折断端刺伤皮肤、血管、神经及重要脏器，减轻疼痛，便于运送。

（1）上臂和肘关节骨折。

①当发生上臂骨折（肱骨骨折）而肘关节没有损伤，肘部可以弯曲时，固定方法如下：轻轻弯曲患者伤侧肘关节，将伤侧的前臂置于胸前，掌心向着胸壁；在伤侧胸部和上臂之间垫上布垫，用三角巾或绷带将伤侧前臂悬挂固定；可再用一条三角巾或绷带围绕患者胸部将伤肢扎紧加固。

②当肘关节有损伤，肘部不能弯曲时，固定方法如下：扶患者躺下，保持伤侧上肢与躯体平行，掌心向肢体，在伤侧上肢与胸部之间垫上布垫；用三角巾或绷带轻轻围绕患者受伤的上肢和躯干，在未受伤的一侧打结。三角巾或绷带要避开患者受伤的部位。

（2）大腿骨折。

大腿骨折，即股骨骨折。股骨是人体中最长的骨，十分坚硬，发生骨折常由于强大的外力撞击。大腿血液循环丰富，骨折时如有大血管损伤，血液会大量流入组织间隙，引起严重的内出血；由于肌肉的牵拉，伤侧大腿可能缩短或向外翻，受伤处肿胀；伤侧的膝盖和脚会歪向一侧，有严重出血时，患者会出现休克。

固定方法如下：扶患者仰卧，将未受伤的腿与受伤的腿靠在一起，同时呼叫急救车；在患者两腿之间，从膝关节以上到踝关节加垫衣物或折叠后的毯子等；用三角巾或绷带、布条，以8字形缠绕固定患者双足，使双足底和脚约呈90°角；用三角巾或宽布带缠绕患者双膝及骨折处上、下方，达到固定目的，并在健侧打结；包扎结束后，尽量不移动患者，直到急救车到来。

（二）火灾的疏散与逃生

1.安全疏散措施

安全疏散设施主要包括消防疏散示意图、安全出口、疏散楼梯、消防应急照明灯和疏散指示标志等。

（1）消防疏散示意图。建筑物房间的门后或楼道里都会张贴消防疏散示意图，是一张印有本楼层平面结构的图纸，房间位置和房号均有标志，同时有一个箭头（通常为红色）自房间的位置沿走廊指向最近的疏散通道。

（2）安全出口。凡是符合安全疏散要求的门、楼梯、走道等都称为安全出口。例如，建筑物的外门、着火楼层楼梯间的门、防火墙上所设的防火门、经过走道或楼梯能通向室外的门等，都是安全出口。

（3）疏散楼梯。疏散楼梯是指有足够防火能力可作为竖向通道的室内楼梯和室外楼梯，包括普通楼梯、封闭楼梯、防烟楼梯和室外疏散楼梯四种。

（4）消防应急照明灯和疏散指示标志。消防应急照明灯是为人员疏散、消防作业提供照明的消防应急灯具。疏散指示标志是指用于指示疏散方向和（或）位置、引导人员疏

散的标志。消防应急照明灯和疏散指示标志可以更有效地帮助人们在浓烟弥漫的情况下及时识别疏散位置和方向，迅速沿发光的疏散指示标志顺利疏散，避免造成伤亡事故。

除了以上常见的安全疏散设施，根据需要，建筑物中还应配备防火卷帘门、强光手电、避难袋、救生绳、救生梯、缓降器、救生网、救生垫和升降机等设施。

2.当公共场所发生火灾时的逃生方法

如果是公共场所发生火灾，如餐厅、图书馆、宿舍或者教学楼，可以采用以下逃生方法：

（1）湿毛巾捂鼻法。湿毛巾捂鼻法是指用湿毛巾等物品捂住嘴巴和鼻子，尽量防止烟尘的吸入。同时，不要顺风逃生，应尽量走那些火势不容易蔓延的地方。要尽量弯着腰走，因为烟尘都飘浮在上空。

（2）毛毯隔火法。毛毯隔火法是指将毛毯等织物钉或夹在门上，并不断往上浇水冷却，以防止外部火焰及烟气侵入，从而达到抑制火势蔓延速度、增加逃生时间的目的。

（3）棉被护身法。棉被护身法是指用浸湿的棉被（毛毯、棉大衣）披在身上，确定逃生路线后用最快的速度直接钻进火场并冲到安全区域，千万不可用塑料或丝织物作为保护。

（4）卫生间避难法。卫生间避难法是指一旦逃生出口被封死，就要寻找躲藏地点，卫生间就是一个很好的地点。因为卫生间有水源，且湿度较大，火势不容易蔓延进来。同时可以将水泼在卫生间门外的地上，从而阻止火势向里面蔓延。

（三）触电急救

当发生触电时，救援的步骤大致分以下两步：

（1）迅速使触电者脱离电源，可就近关闭电源开关，拔出插销或保险；或者使用带绝缘柄的利器切断电源；或者用干燥的木棒将电线拨开。如果是高压触电，应立即通知有关部门停电等。

（2）现场抢救。如果触电者呼吸心跳功能正常，应将其平放在安全地方，安静休息，注意保暖及观察。若触电者呼吸心跳停止，立即实施紧急心肺复苏，并送往医院进行抢救。

四、预防职业病

（一）职业病的种类

职业病是指企业、事业单位和个体经济组织等用人单位的劳动者在职业活动中，因接触粉尘、放射性物质和其他有毒有害物质等因素引起的疾病。

2013年12月23日，国家卫生计生委、人力资源社会保障部、安全监管总局、全国总工会等部门联合印发《职业病分类和目录》，将职业病分为职业性尘肺病及其他呼吸系统疾病、职业性皮肤病、职业性眼病、职业性耳鼻喉口腔疾病、职业性化学中毒、物理因素所致职业病、职业性放射性疾病、职业性传染病、职业性肿瘤、其他职业病10类132种。

（1）职业性尘肺病及其他呼吸系统疾病包括：

①尘肺病，如硅肺、煤工尘肺、石墨尘肺等；

②其他呼吸系统疾病，如过敏性肺炎、棉尘病、哮喘等。

（2）职业性皮肤病，如接触性皮炎、光接触性皮炎、电光性皮炎等。

（3）职业性眼病，主要包括化学性眼部灼伤、电光性眼炎、白内障（含放射性白内障、三硝基甲苯白内障）。

（4）职业性耳鼻喉口腔疾病，包括噪声聋、铬鼻病、牙酸蚀病、爆震聋。

（5）职业性化学中毒，包括铅及其化合物中毒（不包括四乙基铅）、汞及其化合物中毒、锰及其化合物中毒等。

（6）物理因素所致职业病，包括中暑、减压病、高原病等。

（7）职业性放射性疾病，包括外照射急性放射病、外照射恶急性放射病、外照射慢性放射病等。

（8）职业性传染病，包括炭疽、森林脑炎、布鲁氏菌病等。

（9）职业性肿瘤，包括石棉所致肺癌、间皮瘤，联苯胺所致膀胱癌，苯所致白血病，等等。

（10）其他职业病，包括金属烟热，滑囊炎（限于井下工人），股静脉血栓综合征、股动脉闭塞症或淋巴管闭塞症（限于刮研作业人员）。

（二）职业病危害因素

职业病危害因素是指在生产过程中、劳动过程中、作业环境中存在的危害劳动者健康，可能导致职业病的各种因素。

生产现场的作业人员，在日常的生产作业过程中，可能会接触到各种各样的职业病危害因素。这些职业病危害因素按其来源可以分为三类：

（1）生产过程中接触的危害因素，包括：①化学因素，如有毒物质（铅、汞、锰、镉等金属或非金属）、刺激性气体（如氨、氯、二氧化硫、二氧化氮、光气等）、窒息性毒物（如一氧化碳、硫化氢、二氧化碳、氰化物等）、有机溶剂（如醇类、酯类、氯蜡、芳香烃、高分子化合物及农药等）、生产性粉尘（如二氧化硅粉尘、石棉尘、煤尘、毛、羽、丝等）；②生物因素，如细菌、寄生虫或病毒，致害动植物等；③物理因素，如异常气象条件、异常气压等。

（2）劳动过程中接触的危害因素包括制度不合理、精神过度紧张、劳动强度大或安排不合理等。

（3）作业环境中的危害因素包括自然环境中的危害因素、生产场所设计不合理等。

（三）职业病防护

1.毒物防护

生产性毒物是指在生产过程中产生的，存在于工作环境空气中的毒物。生产性毒物的种类繁多，影响面大，因生产性毒物导致的职业病约占职业病总数的一半。

预防生产性毒物必须采取综合性的防护措施，作为劳动者个人应做好以下几点：

（1）做好防护。除普通工作服外，特殊工种的作业人员要穿特殊质地的防护服。例如，接触强酸、强碱应穿着耐酸耐碱的工作服，进行某些毒物作业要戴防毒口罩与防毒面具等。

（2）做好个人卫生。使用自己的盥洗用具、更衣箱等。

2.粉尘防护

生产性粉尘是指在生产中形成的，并能长时间飘浮在空气中的固体微粒，如矽尘、煤尘、石棉尘、电焊烟尘等。生产性粉尘根据其理化特性和作用特点不同，对人体的损害也不同，可引起不同疾病。因此，应采取有效的预防措施控制生产性粉尘的产生，其中劳动者个人应做到佩戴合适的防尘口罩；开展体育锻炼，注意营养，注意个人卫生习惯，不吸烟；遵守防尘操作规程，严格执行未佩戴防尘口罩不上岗操作的制度。

3.物理有害因素防护

生产作业场所物理有害因素主要包括高温、高气压、噪声、振动、照度、紫外线、红外线、微波、非电离辐射（高频、超高频、微波）和不良气象条件等。物理有害因素的防护主要是加强个人防护并采用合理的工艺及其设备进行作业。

思考与练习

1.劳动合同的必备条款包括哪些内容？

2.举例说明大中专院校学生应如何维护自己的合法权益。

3.如何进行创伤处理？

活动与训练

一、活动目标

1.树立安全劳动、安全生活、安全工作的意识。

2.认同"安全生产，人人有责"的劳动观念。

3.提升观察现实、发现问题、调研总结、沟通交流的能力。

4.保障自身和集体的人身和财产安全。

5.崇尚安全劳动、安全生产。

二、活动时间

建议60分钟。

三、活动过程

请学生全面观察自己所在的校园或实习区域，尝试寻找一些潜在的安全隐患，调研访谈隐患的原因，寻找解决问题的办法，总结成一份报告，提交给学校的学工处、团委或后勤部门，或提交给所在实习区域的主管部门。

基本要求：

（1）仔细观察、全面排查所在的校园或实习区域，发现该区域在防火、防盗、防水、防跌落等方面的安全隐患，检查一些必要的消防设施是否到位，是否有应急通道、应急指示灯等。

（2）总结潜在的安全隐患，调研访谈各个安全隐患的现实原因：是未被发现、已被发现却未被重视、已被重视正在解决的过程中，还是由于某些原因尚无法尽快解决。

（3）分类汇总各类安全隐患，提出解决问题的办法。

（4）各小组在班内展示调研内容，交流讨论，形成共识。最后，修改完善，以书面形式上报给相关的主管部门。

参考文献

[1] 朱忠义,禹云,晏然,等.劳动教育与实践[M].北京:北京理工大学出版社,2020.

[2] 谢红兰,刘英.高等职业院校劳动教育学习与训练[M].北京:北京理工大学出版社,2020

[3] 金正连.劳动教育与素质养成[M].北京:中国人民大学出版社,2020.

[4] 王官成,徐飙.劳动教育和职业素养训练[M].北京:中国人民大学出版社,2020.

[5] 聂峰,易志军.新时代劳动教育教程[M].北京:电子工业出版社,2020.

[6] 新时代学生劳动教育教程编写组.新时代大学生劳动教育教程[M].广州:华南理工大学出版社,2020.

[7] 洪应党,朱浩,向米玲.新时代劳动教育教程[M].北京:航空工业出版社,2020.

[8] 徐国庆.劳动教育[M].北京:高等教育出版社,2020.